SOUVENIRS

D'UNE

EXCURSION

DANS

LE NORD DE L'ITALIE.

SOUVENIRS

D'UNE

EXCURSION

DANS

LE NORD DE L'ITALIE

PAR

G. SILBERMANN.

STRASBOURG,

IMPRIMERIE DE GUSTAVE SILBERMANN.

1860.

Voici les circonstances dans lesquelles cette excursion a eu lieu. Mon gendre, officier supérieur d'état-major, après avoir fait toute la campagne de 1859, venait d'être promu au grade de lieutenant-colonel et désigné comme sous-chef de l'état-major général de l'armée française en Italie. Son séjour à Milan devant probablement se prolonger, il désirait que sa femme et sa jeune fille, âgée de dix-huit mois à peine, et qu'il n'avait pas vues depuis plus de quatre mois, vinssent le rejoindre.

Ma fille n'avait jamais quitté le toit paternel; nous ne pûmes, ma femme et moi, nous décider à la laisser entreprendre seule, avec un petit enfant et une femme de chambre, un long et pénible voyage à travers les Alpes. Nous résolûmes donc de l'accompagner et de profiter de cette circonstance pour visiter un pays aussi intéressant que la Haute-Italie et qui ne nous était pas connu encore.

Je fis un plan détaillé de ce voyage et je n'eus pas à m'en écarter, sinon par une pointe sur Venise que je ne prévoyais pas pouvoir exécuter, les relations étant alors encore rompues entre la Sardaigne et l'Autriche.

Je me procurai plusieurs bonnes cartes et l'ouvrage du Dr Ernest Fœrster, intitulé *Handbuch für Reisende nach und in Oberitalien*, qui m'a rendu de grands services et dont j'ai pu souvent vérifier l'exactitude.

Mes notes ont été prises sur les lieux mêmes; je les ai transcrites dans toute leur simplicité, sans autre but que de garder le souvenir de détails qu'on oublie à la longue.

Si ces notes, imprimées pour un très-petit nombre d'amis, tombent sous les yeux d'un indifférent, que cet indifférent se tienne pour averti qu'il n'a rien à y voir : il ne trouverait aucun intérêt dans une lecture où pas une ligne n'est à son adresse ; qu'il s'arrête donc dès le début, il fera bien ; sinon, qu'il ne s'en prenne qu'à lui et non à l'auteur, de l'ennui qu'il aura trop bénévolement cherché.

SOUVENIRS

D'UNE

EXCURSION

DANS

LE NORD DE L'ITALIE.

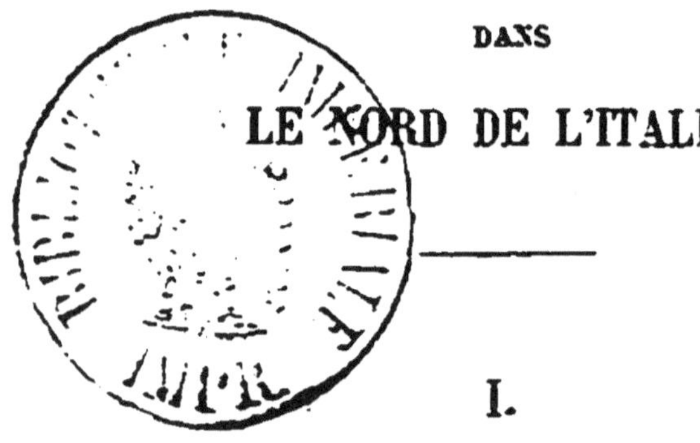

I.

DE STRASBOURG A MILAN.

(Du 12 au 17 septembre 1859.)

Parmi les chemins qui conduisent de France en Italie, le plus fréquenté est celui du Mont-Cenis : c'est aussi le plus court, parce que, sauf le passage du mont, il peut se faire entièrement par la voie ferrée. Mais, quand on part de Strasbourg, il faut changer très-souvent de wagon, les compagnies de l'Est et de Lyon ne parvenant pas à s'entendre pour organiser un convoi direct entre Strasbourg et Lyon, et, lorsqu'on est en famille et par suite encombré de caisses, de malles et de cartons, il en résulte de grands ennuis. Le chemin par la Suisse, sans être beaucoup plus long, est plus commode et offre plus d'attraits.

On va presque directement, par chemin de fer, de Strasbourg à Coire, et le Splügen n'est guère plus pénible à franchir que le Mont-Cenis; on traverse, de plus, des contrées toujours pittoresques, souvent gracieuses, quelquefois sauvages et terribles.

Nous nous sommes donc décidés à passer par la Suisse.

Après avoir quitté Strasbourg par un temps superbe, le 12 septembre, à sept heures quarante-cinq minutes du matin, nous arrivâmes à Bâle à midi quinze minutes.

Jusqu'à Mulhouse nous avions eu pour compagnon M. S........ qui allait voir un de ses amis dans le Haut-Rhin. Cette rencontre toute fortuite nous parut de bon augure pour le reste de notre voyage; en tout cas, elle nous valut quelques heures agréables. M. S........ avait presque promis de nous rejoindre à Coire pour aller avec nous à Milan; notre espoir fut malheureusement déçu.

A Bâle nous comptions déjeuner, mais il fallut employer les trois quarts d'heure qu'on est supposé rester dans cette ville à transporter nos personnes et nos bagages à la station des chemins de fer suisses, située hors de Bâle à plus d'une demi-lieue de la station de

France. Là, nous trouvâmes un tumulte et un désordre effroyable. Pour les services ordinaires cette gare, provisoire il est vrai, est trop petite et mal disposée. Mais la question se compliquait encore ce jour-là par la foule des centaines des pèlerins qui se rendaient à une fête religieuse à Einsiedlen et qui avaient tout envahi; c'est avec peine que nous parvînmes à nous maintenir seuls dans un de ces petits compartiments qui forment les places de première classe et qui servent en partie de passage pour entrer aux secondes. Les voitures des chemins de fer suisses ont été imitées de celles en usage en Amérique et dans quelques parties de l'Allemagne, mais on pas n'a su copier tous les avantages qui les distinguent.

Lorsque notre énorme train put se mettre en mouvement, ce qu'il fit avec une sage lenteur, les pèlerins qui s'étaient fourrés partout, se mirent à chanter des cantiques assourdissants et disharmonieux.

La chaleur était suffocante, et nous ne pûmes avoir, pour tout rafraîchissement, à Liestal, qu'un petit pain et un verre de bière, excellente boisson pour ceux qui l'aiment.

Le pays devenait accidenté, nous entrions dans les riantes vallées du Jura; le chemin de fer serpente dans ces vallons avec une hardiesse extrème; bientôt nous arrivons à ce fameux tunnel du Hauenstein qui coûta la vie à tant de travailleurs, et dont la solidité a été récemment calomniée. Nous en sortîmes sans accident, grâce sans doute aux prières de la pieuse, mais bruyante société qui voyageait avec nous.

A trois heures et demie, nous nous arrêtions à Olten, d'où le chemin de fer prend plusieurs directions. Après une demi-heure d'attente, nous partîmes pour Zurich, et nous traversâmes, sans discontinuer, des sites ravissants, en passant par Aarau, près des bains de Wildegg, le Schinznach, de Baden. Vers le soir nous sortîmes des jolies, mais étroites vallées que nous parcourions, presque sans interruption, depuis Bâle, et l'horizon s'étendit pour nous laisser apercevoir les vastes étendues des glaciers de Glaris, d'Uri et de Schwytz, dont le soleil dorait encore les cîmes et qui bientôt nous apparurent comme de gigantesques fantômes.

Il était plus de six heures lorsque nous atteignîmes Zurich; le retard était considérable, toujours grâce à nos pèlerins que nous eûmes le plaisir de quitter à cette station. Quant au chemin de fer, il fallait beaucoup lui pardonner, parce qu'il avait beaucoup transporté.

Zurich est une très-belle ville, très-animée, et dont la situation est délicieuse.

Nous descendîmes à l'hôtel Bauer, au centre de la ville, où demeurait aussi l'ambassadeur de Sardaigne près de la conférence de Zurich. C'est un hôtel très-confortable, à des prix relativement modérés et qu'on ne saurait assez recommander.

Notre premier soin fut de nous faire donner à souper; il était huit heures du soir, et nous n'avions à peu près encore rien pris de la journée. Ce souper, assaisonné d'un bon appétit, nous parut excellent. On nous servit, entre autres mets, des filets de *Ferrat*, poisson particulier au lac de Zurich, et ces filets valaient bien ceux des soles; et un petit vin rouge du canton de Thurgovie, appelé *Hallauer*, d'un bouquet fort agréable. L'eau est détestable à Zurich.

Après souper nous fîmes, par un très-beau clair de lune, une promenade dans le charmant jardin de l'*Hôtel du lac* appartenant aussi à M. Bauer et où étaient logés les ambassadeurs de France et d'Autriche près de la conférence de Zurich. Le grand-duc et la grande-duchesse de Bade venaient aussi d'y arriver. M. Bauer nous fit voir l'intérieur de cet hôtel qui est somptueux et bien digne de loger des princes.

Le jardin, très-bien planté, est baigné par les eaux

du lac, et, même de nuit, la vue nous en a paru ravissante.

Une sérénade devait être donnée aux illustres hôtes qui étaient descendus à la *Pension*[1]; M. Bauer nous invita à l'attendre, mais il se faisait tard, nous étions fatigués et nous renonçâmes au plaisir d'apprécier le talent des artistes zurichois.

Le 13, au matin, nous fîmes une nouvelle promenade dans le délicieux jardin de l'hôtel Bauer qui nous avait tant charmés de nuit, et il ne perd certes rien à être visité en plein jour. La vue du lac, de ses gracieuses rives et des hautes Alpes, qui ferment le tableau, est vraiment admirable. Nous parcourûmes ensuite les principaux quartiers de la ville et nous nous arrêtâmes quelque temps à un curieux marché de légumes, de fruits et de poissons, qui se tient sur un large pont construit sur la Limmat, tout près de la place où cette rivière sort du lac.

C'est du jardin botanique, qui comprend l'ancien bastion *du Chat*, qu'on jouit de l'une des plus belles vues sur l'ensemble de la contrée.

A dix heures quarante minutes, nous reprîmes le che-

---

[1] Nom qu'on donne aussi à quelques hôtels.

min de fer qui devait nous déposer moins de six heures après à Coire. La première station importante est celle de Rapperswyl où l'on rejoint le lac. On y reste un quart d'heure; nous en profitâmes pour voir le débarcadère des bateaux à vapeur qui font le service sur le lac. Nous aperçûmes un homme, jeune encore, ayant à son bras une jeune femme gracieuse, tout habillé de noir et que suivaient, à quelque distance trois ou quatre personnes et un domestique en livrée. Nous reconnûmes en eux le grand-duc et la grande-duchesse de Bade, qui venaient de quitter le bateau à vapeur et se disposaient à monter dans le même convoi que nous.

Bientôt on nous rappela en voiture et la vapeur nous entraîna sur les bords du lac qu'on suit jusqu'à sa dernière extrémité, où il se perd dans une prairie bordée d'un côté par des montagnes assez élevées. On rentre ensuite dans de belles vallées en se rapprochant de plus en plus des Alpes. Ces vallées, très-fertiles, où alternent des prairies avec des terrains bien cultivés, couverts d'arbres fruitiers et souvent de vignobles, deviennent plus sauvages, à mesure qu'on avance vers le lac de Wallenstadt.

Après une série de stations insignifiantes on s'arrête au village de Weesen où nos compagnons de voyage couronnés et leur suite nous quittèrent. C'est là que commence le lac de Wallenstadt que le chemin de fer cotoie dans toute son étendue, sur sa rive droite.

Ce lac, de quatre lieues et demie de longueur sur une lieue de largeur, est d'un aspect très-sévère; à gauche il est borné par d'immenses roches calcaires et granitiques d'une élévation de 600 à 1000 mètres, et l'on est tout étonné d'apercevoir sur ces hauteurs abruptes plusieurs assez grands villages. A droite il y a de riantes collines dominées par les pics élevés d'un second plan de montagnes dénudées. Ces collines plongent dans le lac, et c'est sur leur flanc qu'a été construite la voie ferrée qui traverse plusieurs fois des tunnels taillés dans des rocs considérables.

A l'autre extrémité du lac on atteint la petite ville de Wallenstadt et, de là, on s'élance dans la vallée de la Seez où est situé, sur une hauteur, le bourg de Sargans, avec un ancien château. Peu après on arrive aux bains de Ragatz, établis dans un vieux couvent et aux dépens des bains de Pfeffers d'où l'on amène les eaux thermales dans des conduits en bois. Pfeffers, dont l'aspect sauvage et triste épouvantait les baigneurs, se trouve à une demi-lieue de Ragatz, dans le vallon de la Tamina.

Vers Coire la vallée s'élargit beaucoup; quoique moins riante, elle est très-pittoresque.

A quatre heures, nous entrions dans la capitale des Grisons, ou plutôt nous n'y entrions pas, car la station du chemin de fer est en dehors de la ville, ainsi que l'hôtel très-recommandable du *Steinbock* (bouquetin), où nous allions loger. Ce ne fut que plus tard, après avoir pris possession de nos chambres, que nous entrâmes, par une porte antique, dans Coire dont les rues, sur un terrain accidenté, sont étroites, sombres et très-mal pavées. L'église même, ignoblement peinte extérieurement, est peu intéressante intérieurement. Coire est une de ces villes où il faut être né pour y rester; un étranger y tomberait bien vite dans la mélancolie.

Sur une éminence, derrière la ville, est situé le palais de l'évêque avec le Dôme et un certain nombre d'habitations particulières; c'est le quartier des catholiques, qui est séparé du reste de la ville par une muraille et deux portes fortifiées : précaution certes bien inutile, car les protestants et les catholiques vivent en parfaite harmonie. Sur une population de 101,000 habitants il y a 41,000 catholiques dans le canton des Grisons.

Tout près de Coire, s'élève le formidable pic de la *Calanda,* dont la hauteur est de 2700 mètres; ce pic est presque entièrement dénudé, tandis que la montagne vis-à-vis, le *Pizockel*, est couverte d'une épaisse forêt de sapins. A Coire même il y a une petite promenade nouvellement plantée sur un mamelon, qui s'appelle la *Colline de Marie (Marien-Hügel)* et d'où nous avons joui de la vue d'un très-beau panorama. Ce qui m'a surtout frappé, c'est que, malgré l'aspect rude de la campagne, malgré la grande élévation du site, la vigne y réussit encore très-bien et qu'on la cultive beaucoup. Au dehors de Coire se trouvent quelques jolies villas de construction toute moderne.

Notre hôte du *Steinbock*, M. Arnold, est aussi maître de poste; je m'entendis avec lui pour avoir une bonne voiture a deux chevaux et un cocher éprouvé pour nous conduire jusqu'à *Chiavenna* par la *Via-Mala* et le col du Splügen, route qui ne laisse pas que d'être assez périlleuse. Le prix fut arrêté à 130 fr., tout compris. Nous n'eûmes qu'à nous louer de cette résolution, et nous fûmes aussi satisfaits de notre véhicule que de notre vieux cocher Jean.

Il existe, à la vérité, une diligence de Coire à Chiavenna, mais elle fait en partie le trajet de nuit, et je tenais, d'un côté, à ne pas exposer les dames à trop de fatigues et de l'autre à pouvoir contempler les curieuses contrées que nous devions traverser.

Des trois malles que nous avions avec nous j'en envoyai deux par la diligence; la troisième fut chargée sur notre voiture.

Le 15, à sept heures du matin, nous quittions Coire par un fort beau temps. La route, très-bonne, montant au commencement en pente douce et longeant presque constamment le Rhin, passe d'abord devant le malheureux village de *Felsberg*, situé au delà du fleuve, dans une petite plaine sujette aux inondations. Plusieurs fois déjà des masses de rochers se sont détachées de ce dangereux voisin et ont écrasé un grand nombre de maisons; celles qui n'ont pas encore éprouvé ce sort continuent à être habitées attendant stoïquement leur tour, sans doute. La traînée de rochers, semblable à un courant de lave vomi par un volcan, est là comme une menace incessante, mais toujours bravée. Un nouveau village surgit à quelque distance, il est peut-être un peu moins exposé à ce désastre, mais les inondations ne le respecteront pas davantage : c'est pousser loin l'amour du sol natal que de s'obstiner à rester sous le coup de pareilles catastrophes!

La vallée est assez large et n'offre de remarquable que des monticules coniques qui se trouvent au milieu et qui ont de 15 à 70 mètres d'élévation. Les habitants des localités les appellent des tombes de chevaux (*tom-bels di chiavals*, en roman), mais ce ne sont probablement que des accumulations vaseuses.

Bientôt l'on arrive à Ems et puis à Reichenau où se rejoignent les deux bras du Rhin qu'on traverse à l'entrée et à la sortie du village sur deux ponts couverts, en bois et très-élevés : le second a 79 mètres de longueur et est à 27 mètres au-dessus de l'eau. La jonction des deux bras est visible de ce dernier pont et mieux encore du jardin du château de M. de Planta. Les eaux du Rhin postérieur (*Hinter-Rhein*), venant du Bernardin et du mont Adule, sont d'un bleu sale; celles du Rhin antérieur (*Vorder-Rhein*), se précipitent des glaciers du Crispalt et du Lukmanier et ont une teinte blanchâtre.

A Reichenau, il y a un institut où, sous le nom de *Chabaud*, le roi Louis-Philippe enseigna les mathématiques pendant huit mois, à l'époque de l'émigration. Benjamin Constant fut l'un de ses élèves.

Au delà de ce village la route se bifurque; l'une des voies suit le cours du Rhin antérieur et mène vers *Dissentis* d'où l'on peut atteindre *Airolo;* l'autre cotoie le Rhin postérieur et se dirige vers le Splügen : c'est cette dernière que nous avons prise.

La vallée dans laquelle on entre s'appelle *Domleschg* (*vallis domestica*); elle est d'un aspect très-pittoresque, surtout par les vingt et un châteaux qu'on y voit successivement, et dont les ruines attestent les révolutions qui ont abattu la féodalité et donné la liberté au pays.

Le mélange de langues et de religions est encore une curieuse particularité de ce district. Ainsi à Coire on parle l'allemand et le protestantisme domine; à Ems, le roman est la langue usuelle; Tamins et Reichenau sont catholiques et allemands; Bonadutz, séparé seulement par le Rhin, est réformé, on y parle le roman; Rhæzuns et Kætzis sont deux villages catholiques; dans l'un on parle l'allemand, dans l'autre le roman. Les habitants de Heinzenberg sont protestants et parlent l'allemand; ceux de Thusis sont calvinistes et allemands. A Zillis et à Schams, religion réformée et langue allemande. Splügen et Hinter-Rhein forment la limite du protestantisme et de la langue romane.

On traverse le village de Bonadutz; à gauche est celui de Rhætzuns avec son château-fort encore habité; on voit les ruines du château de Rhéalt, sur un rocher très-escarpé et accessible d'un côté seulement; puis Kætzis, village situé au pied du mont Heizenberg, si célèbre par sa beauté et sa fertilité, avec le château de *Montera*. Enfin on arrive à *Thusis*, à cinq lieues et demie de Coire. Nous déjeunâmes à l'hôtel de la *Via-Mala*, tenu par M. Ch. Schreiber; on y est très-bien.

La ville de Thusis est presque entièrement modernisée et bien bâtie; en 1827 un terrible incendie l'avait détruite en grande partie. — Vis-à-vis de la ville se trouve la ruine du château de *Hohenrhœtien*.

Au sortir de Thusis on passe le torrent de la Rolla, qui se jette dans le Rhin tout près de là. Puis on entre dans une vallée qui devient de plus en plus étroite, c'est la *Via-Mala*, l'une des gorges les plus remarquables et les plus affreuses de la Suisse. La longueur de ce défilé est de près de deux lieues; il s'étend entre les rochers des monts Beverin et du Mutneerhorn et n'a souvent que quelques mètres de largeur. A une profondeur effrayante le Rhin se précipite à travers d'énormes blocs de rochers et avec la vitesse d'un trait; on le distingue à la blancheur de son écume, sans pouvoir entendre autrement que comme un sourd frémissement le fracas de ses ondes. Les parois des rochers surplombent le plus souvent le goufre et sont couverts de sapins qui ajoutent à la belle horreur et à l'obscurité de la gorge.

La route, du reste bien entretenue et partout munie de murs d'appui, est taillée en corniche dans le roc;

elle n'a qu'environ 1^m,50 de large, mais il y a de distance en distance des places d'évitement. Elle suit tantôt la droite, tantôt la gauche du torrent qu'on voit le plus souvent de 50 à 200 mètres au-dessous de soi. On le passe en trois endroits sur des ponts d'une seule arche en pierre, excessivement hardis. De l'un de ces ponts, un pâtre jeta une pierre dans le goufre; ce n'est qu'au bout de quelques secondes qu'on l'entendit toucher le fond.

Pendant que nous cheminions, pleins d'admiration sur cette route étroite, à travers les galeries taillées dans le roc de ce sombre défilé, au bord d'abimes incommensurables, le ciel s'était aussi obscurci et la pluie vint à tomber. Aussi ne trouvâmes-nous pas la vallée de Schams, qu'on atteint au village de Zillis, aussi riante qu'on veut bien le dire; c'est un riant relatif, après la *Via-Mala*, mais voilà tout. On voit qu'on est dans de très-hautes montagnes et la végétation s'en ressent.

Zillis a une très-ancienne église; on la fait remonter au milieu du dixième siècle; sa maison commune ne parait pas être beaucoup plus moderne.

On traverse encore quelques villages, en s'élevant toujours; un peu après celui de Roffeln se trouve une assez jolie chute du Rhin; puis on ne rencontre plus que des forêts, composées principalement de mélèzes, entremêlées d'énormes masses de rochers; de temps en temps il y a des échappées de vues sur des pics couverts de neige, et la route continue ainsi pendant trois bonnes lieues encore jusqu'au village de Splügen, situé à 1480 mètres au-dessus du niveau de la mer. Nous y arrivâmes vers six heures du soir.

L'auberge, appelée *Bodenhaus,* est entreprise par actions. Elle est fermée en hiver où personne ne se hasarde plus à passer le Splügen. Les appartements sont néanmoins pourvus de tout ce qu'il faut pour se garantir du froid qui vient de bonne heure dans ces régions; il y a des fenêtres doubles et des volets, de très-grands poêles, et tout est bien calfeutré. Un petit feu qu'on avait allumé dans la salle à manger ne fut pas de trop, car la pluie qui était tombée dans les vallées s'était convertie en neige sur les hauteurs et il faisait assez froid; brusque transition de la chaleur qui nous avait accablés les jours précédents.

On nous donna à souper du chamois et de la perdrix blanche ou *Tétras lagopède Ptarmigan* (*Tetrao lagopus,* L.). La chair de cette gallinacée est très-délicate et rappelle celle de la gélinote; elle nous eût paru excellente si on ne nous l'avait malheureusement servie, nageant dans un ragoût en société avec la tranche de chamois.

Nous étions à peine endormis depuis deux heures dans de très-bons lits, qu'un mouvement extraordinaire, qui se fit dans la maison, nous réveilla tous : la diligence venant de Chiavenna amenait des voyageurs. Peu d'instants après on vint frapper à la porte de l'une des chambres que nous occupions : c'était mon gendre qui, ayant pu obtenir une permission de trois jours, venait à notre rencontre. La joie fut grande de part et d'autre....; mais la fatigue de la journée dut en abréger l'expansion.

A huit heures du matin, après avoir pris une tasse d'excellent café au lait, avec de mauvais beurre, nous remontâmes dans notre voiture, assez spacieuse pour contenir une personne de plus. Nous commençâmes immédiatement l'ascension du sommet du Splügen. En sortant du village, la route se divise : à droite elle conduit au col du Bernardin, d'où l'on peut descendre en Italie, par *Bellinzone ;* à gauche elle monte brusquement en lacets, pendant plus de deux lieues.

Le temps était redevenu beau lorsque nous quittâmes

Splügen, mais bientôt une neige abondante vint nous assaillir et augmenter la couche de celle tombée la veille dans ces hautes régions. Toute grande végétation disparaît bientôt; on ne voit plus d'arbres, quelques pieds de *Rhododendrons* (Rosage des Alpes), couverts de boutons de fleurs devant s'épanouir l'année prochaine, perçaient seuls encore la neige.

Enfin nous atteignîmes le haut du col entre le *Suret-horn* et le *Schneehorn,* où se trouve une petite auberge et une maison de refuge pour les voyageurs surpris par des bourrasques.

A partir de cet endroit on commence à descendre; à peu de distance on rencontre, au bord de la route, une colonne indiquant la limite entre la Suisse et la Lombardie et l'élévation de la montagne qui est de 2170 mètres. Un quart d'heure après on entre dans les bâtiments de la douane sarde où les passe-ports sont soumis à un visa qui coûte 3 fr. Un seul employé sait quelques mots de français, les autres ne parlent que l'italien, ce qui est assez mal ordonné sur des frontières. Du reste, nous n'eûmes pas à nous entendre avec les douaniers qui ne demandèrent pas même à visiter nos effets.

Comme il neigeait encore beaucoup, nous fîmes une halte d'environ une heure à cette douane. A côté est une petite auberge; je fis donner un verre de vin à notre brave cocher qui le trouva excellent. Je n'eus pas envie d'en goûter malgré l'offre que m'en fit Jean, car ce vin me parut épais comme de la mélasse et n'était guère plus clair.

Les employés de la douane nous invitèrent avec courtoisie à nous chauffer dans leur bureau, ce que nous acceptâmes de grand cœur.

Cependant la bourrasque se calma enfin, et nous nous remîmes en route. Le chemin sillonne d'abord un assez grand plateau, puis il commence à descendre rapidement; les tournants se succèdent, ils deviennent de plus en plus courts, et quelquefois on voit presque à pic, au-dessous de soi, la route se replier dix ou douze fois. On traverse des galeries ou taillées dans le roc ou construites en très-forte maçonnerie pour préserver les voyageurs des avalanches qui tombent fréquemment de ces hauteurs abruptes et stériles. Il faut que les chevaux et le cocher soient très-sûrs pour ne pas s'exposer à chaque pas à être précipités dans quelque abîme incommensurable; il est vrai que la route a partout des garde-corps en bois, mais ils ne sont pas toujours très-solides.

Dans une vallée fort profonde on aperçoit à ses pieds le village d'*Isola,* puis on arrive à un pauvre hameau appelé *Pianazo;* peu après on passe dans un endroit périlleux appelé le *Pas de la mort.*

La végétation a reparu; elle se manifeste d'abord par quelques broussailles, puis par des châtaigniers; tout vestige de neige a disparu depuis longtemps; on s'aperçoit qu'on est sur le versant oriental des montagnes. Bientôt s'offre à vos regards la belle chute de la *Lira* qu'on revoit plusieurs fois, grâce aux circuits que fait la route; on passe encore dans une galerie; puis se présente la cascade du torrent de *Pianazo;* on traverse un pont, et on entre dans la haute vallée de *Medesimo,* où l'on s'arrête à *Campo dolcino,* village avec un relai de poste. Malgré la douceur du nom de ce pays nous eûmes besoin d'un feu de cheminée pour ranimer nos membres un peu raidis par le froid. Notre déjeuner se fit longtemps attendre, mais n'en fut pas meilleur pour cela, et si notre appétit n'avait pas été si prononcé, il est probable que nous n'aurions pas fait honneur au festin : il se composait de trois entrées de mouton diversement apprêtées, mais également mauvaises.

Après *Campo dolcino,* on voit de vastes plantations de châtaigniers séculaires : l'année était bonne, car ils pliaient sous les fruits. On continue à descendre rapidement, en rencontrant divers villages et de nombreuses vallées latérales. Une nouvelle chute de la Lira captive bientôt l'attention; on approche du pied de la montagne; la végétation méridionale se manifeste par des figuiers en pleine terre dans les jardins des paysans; quelques lauriers nobles apparaissent, et enfin, après cinq heures et demie de descente au trot des chevaux, on entre dans *Chiavenna* où nous nous arrêtâmes à l'hôtel *Conradi*, le mieux tenu de la ville.

La route du Splügen a été faite de 1818 à 1823, sous la direction de l'ingénieur *Carlo Donegani;* elle est une œuvre d'art très-remarquable. Les nombreuses difficultés qui se présentaient ont été surmontées avec une rare habileté.

La nuit n'était pas encore arrivée, j'en profitai pour faire un tour et m'orienter à *Chiavenna*. Cette ville est située dans un véritable entonnoir formé par de très-hautes montagnes qui l'abritent, surtout du côté du nord, et y maintiennent une température fort douce.

Le premier objet qui me frappa fut un énorme cyprès pyramidal, planté devant le presbytère; il est égal en hauteur à un grand peuplier, mais son port est moins léger, moins gracieux. Plus tard je vis très-communé-

ment cet arbre, et je m'assurai que, comme arbre d'a-
grément, il remplace presque généralement le peuplier:
le choix n'est pas heureux. Le peuplier d'Italie est
l'arbre qu'on voit le moins dans le nord de l'Italie.

L'église de Chiavenna est grande et belle; on y conserve un baptistère avec des bas-reliefs du douzième
siècle. Elle est précédée d'un cloître qui sert maintenant de passage public et sous les voûtes duquel se
trouvent, de chaque côté du portail de l'église, deux
ossuaires très-artistement disposés, mais d'un aspect
bien lugubre.

Sur un rocher élevé, près de l'hôtel Conradi, sont
les ruines d'un vieux château; on les a entourées d'une
promenade publique.

Dans le petit jardin de l'hôtel il y a de grands figuiers;
ils étaient tout couverts de grosses figues brunes très-
appétissantes. Le lendemain matin, j'en fis cueillir une
douzaine qu'on servit à notre déjeuner. C'étaient bien
certainement les meilleures figues que nous ayons man-
gées dans tout notre voyage.

De Chiavenna à *Colico*, où l'on s'embarque sur le lac
de Come, il y a environ six lieues. Pour faire ce trajet,
je fis marché avec un *cocchiere* ayant une voiture solide
et deux bons chevaux. Il nous les fallait ainsi pour

cinq grandes personnes, un enfant, et tout notre bagage qui se retrouvait au complet, nos deux malles, envoyées à l'avance, étant parfaitement arrivées au bureau des diligences. Le prix fut convenu pour 22 fr.; c'était une voiture de retour.

Le lendemain, à dix heures et demie, nous partîmes par la délicieuse et large vallée de la *Maira*. Le long de la route, il y a des bornes indiquant les distances *kilométriques*.

En approchant de *Prada*, premier village après Chiavenna, nous rencontrâmes le postillon de la diligence qui nous avait précédés; il était monté sur l'un des chevaux dételés et retournait à toutes brides vers Chiavenna. Lorsque nous fûmes près du village, nous vîmes la diligence arrêtée sur la route, et le conducteur nous apprit qu'un voyageur s'étant trouvé mal, on l'avait transporté dans une maison voisine et que le postillon était allé en toute hâte chercher un médecin. Je me suis demandé si autre part on aurait autant d'égards et de soins pour un voyageur qui tomberait malade en route. — Plus tard la diligence nous rejoignit. et nous sûmes que l'accident du voyageur était sans gravité, mais qu'il avait cependant fallu le laisser à Prada.

Dans la plaine que nous traversions il y avait de nombreux champs de blé de Turquie et de sorgho, mais entièrement dévastés par les sauterelles. Cette vallée est en outre couverte de beaux pâturages qui étaient très-verts malgré la sécheresse de l'année.

A *Riva* on se rapproche du petit lac de *Mezzola* que la route cotoie en partie; il est réuni au lac de Côme par l'*Adda* qu'on passe sur un beau pont nouvellement construit.

A gauche s'élève le mont *Formose* qui tient à la chaîne des Alpes. Notre cocher nous dit qu'il y a dans les forêts de cette montagne *multi ursi, lupi, chamussi ed galli* (beaucoup d'ours, de loups, de chamois et de tétras).

Vers deux heures, nous entrâmes dans *Colico*, encore occupé alors par des soldats de Garibaldi. Nous nous embarquâmes immédiatement sur le bateau à vapeur, qui quitta la rive un quart d'heure après. Le temps était malheureusement pluvieux. Ce fut notre second jour de pluie, mais aussi le dernier, car, à dater du lendemain, le plus beau temps possible nous favorisa sans interruption pendant plus de cinq semaines.

Le lac de Côme, l'un des plus beaux lacs de l'Italie, se divise en deux bras dont l'un prend le nom de *Lecco;*

il a neuf à dix lieues de longueur sur une lieue et demie de largeur; la rivière de l'*Adda* le traverse; son climat est très-doux et il est entouré d'une végétation en partie méridionale, qu'abritent de hautes montagnes. La pêche y est productive, les truites et les sardines abondent. Sur ses deux rives, s'étalent un grand nombre de villes, de villages et de villas.

Vis-à-vis de Colico est le village da *Domaso*; plus au sud, sont ceux de *Gravedonna, Dongo, Musso, Cremia* et *Vezze*; à gauche, on voit *Dorio, Coreno, Dervio*, au pied du mont *Legnone*, haut de 8000 pieds, et à l'embouchure du *Varone; Bellano*, près du mont et du torrent de *Grigna*; à droite, s'élèvent *Rezzonico, Samnago, San Abondio, Nobiallo, Menaggio* et, vis-à-vis, *Varenna*, dans une situation admirable. Sur le promontoire qui divise le lac en deux parties se trouve *Bellagio* qui est le plus beau point de toute la contrée. C'est là qu'est la célèbre villa *Serbelloni* d'où on a une vue sur le lac entier. Puis viennent les villas *Melzi, Sommariva, Taglioni*, etc., etc. La quantité de châteaux, grands et petits, de maisons de campagne, de pavillons, de parcs et de jardins qui sont établis sur les bords du lac, est vraiment prodigieuse. Il y en a de somptueux, d'élégants, de gracieux, voire même de bizarres et de grotesques, selon le goût et les caprices des propriétaires. Les plantations sont généralement luxuriantes, et, malgré la rapidité de notre course, j'ai pu remarquer de grands figuiers, des lauriers roses, des orangers, des citronniers, soit en pots, soit en pleine terre. Dans le jardin en terrasses étagées, devant le château de la princesse Charlotte de Russie, j'ai aperçu deux pieds de *Gynerium argenteum* avec leurs longues tiges florales; cette gigantesque graminée brésilienne est d'un grand effet.

Après Bellagio on voit à droite *Lenno* et des restes d'anciennes constructions; *Lavedo*, avec un jardin et un château sur une presqu'île; *Sala*, et tout près la petite île de *Comacina* ou *San Giovanni; Colonna, Argegno*, à l'entrée de la vallée d'*Intelui, Tonnigia, Maltrasia;* à gauche, *Lezeno, Borgo* devant le mont *Primo, Molina, Villa-Pliniana*, ainsi nommée parce qu'on suppose que les deux frères Pline ont habité cette contrée; *Torno*, avec des terrasses plantées d'orangers, la villa d'*Este* qu'a longtemps occupée la reine Caroline d'Angleterre; enfin la villa *Odescalchi*, près du mont *Lompino* et de l'embouchure de la *Breggia*.

Pendant la traversée, nous fîmes la connaissance l'une gracieuse dame, Mme C...., femme de l'un des premiers fonctionnaires civils de Milan. Elle s'exprime parfaitement en français. Son langage est animé et d'un pittoresque charmant, surtout lorsqu'elle s'inspire de son ardent patriotisme, de son amour de la liberté, de sa reconnaissance envers la France. Mme C.... fut l'une des plus zélées parmi les nobles italiennes qui se dévouèrent avec tant d'empressement et d'abnégation aux soins de nos blessés français. Nous eûmes plusieurs fois occasion de la revoir à Milan, ainsi que son mari, et ce fut chaque fois avec bonheur. Sur le bateau elle était accompagnée de sa jeune fille Maria, gracieuse enfant aux yeux noirs et vifs, comme sa mère, et de son beau-frère, propriétaire d'une villa sur les bords du lac, et auquel je dois une partie des détails statistiques que j'ai donnés.

Vers cinq heures, nous étions à *Como*, jolie ville de 16,000 habitants, admirablement située dans un bassin entouré d'assez hautes montagnes. En traversant une place, nous vîmes la statue du célèbre physicien Volta, qui est né à Côme.

Nous ne nous arrêtâmes dans cette ville que le temps de dîner, puis nous prîmes l'omnibus pour rejoindre le chemin de fer dont la station est à *Camerlata*, à trois-quarts de lieue de Côme. Il faisait nuit close quand nous traversâmes les rues; on commençait à illuminer les maisons; de distance en distance brillaient des feux de joie; la musique de la garde nationale, réunie dans une rue, dut se ranger pour nous laisser passer. Nous apprîmes qu'on célébrait l'arrivée à Turin des députés de la Toscane et de Modène et leur réception par le roi.

Le convoi du chemin de fer partait à huit heures quinze minutes; à neuf heures et demie, nous arrivions à Milan, après avoir passé par *Monza*, que les ténèbres nous empêchèrent malheureusement de voir. Le pays est très-accidenté et très-beau. A Monza le roi de Sardaigne a une magnifique résidence; le palais est entouré du plus vaste parc qui existe en Italie; le roi y vient assez souvent faire des chasses: les lièvres, les daims, les faisans y abondent. Outre ce palais on voit à Monza les restes du château de Frédéric Barberousse et quelques riches propriétés particulières.

II.

MILAN.

Milan est une grande et belle ville, qui a l'aspect d'une capitale ; on devine aux nombreux palais qu'elle renferme, aux brillants équipages qui parcourent ses rues, qu'il y a là de grandes fortunes, beaucoup de familles aristocratiques, et cependant, je dois le dire, Milan est restée bien au-dessous de mon attente ; on me l'avait tant vantée que j'ai éprouvé quelque déception en voyant ces rues presque généralement étroites, mal pavées et souvent malsaines ; cette absence de belles places ; ce petit nombre de monuments remarquables ; ces environs monotones et tristes, et bien d'autres choses encore.

Le climat de Milan est rude en hiver : le froid a atteint, il y a deux ans, jusqu'a 20 degrés Réaumur ! Au printemps et en automne, il y a des brouillards très-intenses. Aucun cours d'eau ne vient égayer cette grande ville, si ce n'est le *Naviglio*, étroit canal aux exhalaisons méphitiques. Dans les environs, il y a de vastes pâturages et des champs dans lesquels un système d'irrigation très-bien entendu pour les cultures, mais très-peu favorable à l'hygiène, entretient une humidité presque constante.

La plupart des rues sont, ainsi que je viens de le dire, fort étroites et par conséquent sombres; l'air n'y circule qu'avec peine; les voies larges se réduisent à peu près à quelques faubourgs tels que les *borgi di Porta Tosa, di Porta Romana, di Porta orientale* qui fait suite au *Corso* appelé *Francesco* jusqu'en 1859, maintenant *Victor-Emanuele.* Le corso s'étend, en se rétrécissant, jusqu'au Dôme. Parmi les rues de l'intérieur de la ville on ne peut guère citer comme large que la *Contrada* ou le *Corso di Giardino* qui se termine par le *Corso di Porta nuova.* Le pavé ne se compose que de petits cailloux pointus sur lesquels il est impossible de marcher longtemps sans se blesser; heureusement que des trottoirs, plus ou moins larges, composés d'épaisses dalles en granit, viennent au secours des piétons; dans chaque rue, selon sa largeur, il y a, en outre, deux rangées de doubles dalles sur lesquelles roulent parfaitement, et presque sans bruit, les roues des voitures.

En hiver, c'est le *Borgo di Porta orientale* qui est le rendez-vous des promeneurs; trois ou quatre rangées d'équipages montent et descendent cette rue, depuis la petite place de *Basileo* où le Corso se rétrécit beaucoup, jusqu'à la Porte orientale. En été, les promeneurs se portent dans la triple allée du large rempart faisant

--presque tout le tour de Milan; mais on se borne à circuler dans la partie située entre la Porte orientale et la Porte neuve et qui domine le *Giardino publico,* jolie promenade qu'on agrandit considérablement dans ce moment, mais qui est peu fréquentée jusqu'à présent.

Les maisons de Milan sont généralement très-élevées et d'une bonne, mais simple architecture; de nombreux balcons ornent chaque étage; quelquefois on en voit à toutes les fenêtres. Les toitures sont basses et en briques creuses, placées sur leur partie convexe de manière que chaque rangée de tuile forme rigole. Il y a peu de maisons, peu de palais même, qui soient couverts en ardoise. Les palais ressemblent extérieurement, pour la plupart, à de grandes maisons; quelques-uns seulement ont des frontons avec des colonnades et des sculptures; en dedans ils sont très-riches et presque tous ont des jardins souvent très-exigus.

Les places sont petites; la plus grande est celle qu'on vient d'établir récemment devant le théâtre de la Scala. Je ne mentionne pas comme place de l'intérieur de la ville la *Piazza d'Armi,* vaste terrain entouré seulement d'un côté de maisons habitées, au milieu de laquelle se trouve le *Castello,* petite citadelle insignifiante. Quoique cette grande plaine se trouve comprise dans l'enceinte de la ville, on ne la visiterait certainement pas si l'on n'allait y voir le magnifique arc de triomphe de la Paix et l'Arène. Je reviendrai plus tard sur l'arc de triomphe; quant à l'Arène, c'est un cirque de construction toute moderne, avec un élégant pavillon et des gradins en gazon, pouvant contenir 30 à 40,000 personnes; il sert, pendant les fêtes publiques, à des courses de chevaux et de chars, et, comme on peut le mettre sous l'eau, quelquefois aussi à des régates.

Il y a à Milan considérablement de magasins de toute espèce, surtout dans les rues populeuses du centre de la ville; mais la majeure partie de ces magasins n'a pas d'apparence. Les Milanais ne font guère de luxe d'étalage et d'enseigne. Le plus beau magasin de tous est celui de la maison Manini, espèce de bazar comprenant principalement des articles de Paris, qu'on retrouve partout. Les produits locaux se bornent à peu près à des mosaïques de Rome et de Florence, à des coraux, à des filigranes en argent de Gênes et à des parures en boules d'or ciselées de Milan.

Près du Dôme il y a des boutiques très-diverses en plein-vent, des charlatans, des saltimbanques, des théâtres ambulants de marionnettes, autour desquels le peuple fait cercle.

Les cafés ne sont pas richement décorés; ceux du *Corso Victor-Emanuele* et de la place de la Scala sont en été tout autant établis sur la rue que dans l'intérieur. Dans tous on sert des glaces; mais les dames ne vont que chez *Covo, contrada San Silvestro,* à côté du théâtre de la Scala. On se réunit dans une cour, plantée d'arbres, très-sombre le soir, car elle n'est éclairée que par un seul bec de gaz, qu'on n'allume même pas toujours. *Canetta,* le premier traiteur de Milan, est dans le même bâtiment.

Les glaces qu'on consomme en si grande quantité en Italie se vendent à bas prix: 30 à 40 centimes, selon les qualités. Les *giardinieri* ont un cachet particulier; elles sont de forme carrée, très-compactes, au citron avec divers fruits; les *tutti frutti* et les *graniti* sont moins bons; les glaces à la vanille sont détestables, on y met plutôt de la cannelle que de la vanille, mais celles à l'ananas, aux pêches, etc., sont exquises. On ne sert avec les glaces que de l'eau non glacée.

Il y a près du Dôme et dans la *Contrada San Margarita* des établissements de pâtissiers-confiseurs où l'on peut se restaurer.

L'hôtel de la Ville et *l'Albergo del Re* sont les deux meilleurs hôtels de Milan; le premier est situé dans le Corso, en face de la jolie petite place de *San Carlo;* il paraît qu'on y est très-bien, mais à des prix fort élevés.

Les femmes ont entièrement adopté les modes françaises; seulement, quand elles sont en demi-toilette, elles portent assez généralement le *vela* : c'est un voile noir simplement jeté sur la tête avec plus ou moins de grâce et avec lequel elles circulent dans les rues; dès que le temps est un peu chaud, elles portent un éventail dont elles font usage en marchant. Les Milanaises ont presque toutes de beaux yeux noirs, des sourcils bien marqués et des cheveux très-foncés, le plus souvent le nez gros et des traits accentués; leur voix forte est presque rauque.

Mais ce qui distingue surtout les dames de Milan, c'est leur ardent patriotisme, qui va jusqu'à l'exaltation chez beaucoup d'entre elles; c'est l'admirable dévouement dont elles ont donné des preuves éclatantes dans les soins si touchants, si délicats, si persévérants qu'elles ont prodigués aux blessés pendant la dernière campagne. Un officier français, qui a été pendant quatre mois dans les hôpitaux de Brescia et de Milan, à la suite d'une blessure assez grave, nous dit à ce sujet : « Tout ce qu'on pourra dire ou écrire à ce sujet n'approchera jamais de la réalité. »

Ce qui caractérise encore ces dames, c'est leur haine profonde pour les Autrichiens, et on le comprend d'après la manière dont ces étrangers se sont conduits en Italie. En voici deux exemples qu'on nous a rapportés. Deux actrices de l'un des théâtres, ayant chanté sur la scène un air patriotique italien, furent arrachées de chez elles, traînées sur une place publique et fouettées jusqu'à ce qu'elles périssent sous les verges! Deux autres jeunes filles, d'humbles familles bourgeoises, s'étant promenées avec des bouquets tricolores, furent aussi condamnées à être fouettées en public; elles survécurent à leur martyre, et aussitôt deux riches fils de famille les demandèrent en mariage, et aujourd'hui elles font partie de la haute société de Milan.

On reproche, non sans quelque raison, plus de mollesse aux hommes; cependant il y a de nombreuses exceptions; voici, au surplus, leur excuse : forcément en contact journalier avec leurs oppresseurs, et cela depuis près d'un demi-siècle, obligés de se courber sous leur tyrannie, leur bon plaisir, ils ont perdu beaucoup de l'énergie de leur caractère; ce n'est qu'à la longue, disent-ils, lorsqu'ils auront goûté du bonheur, de la liberté et de l'indépendance, qu'ils se retremperont complétement. Un avocat de Plaisance, auquel on reprochait l'esprit peu militaire de ses compatriotes, répondit : « Mais depuis cinquante ans se faire militaire c'était devenir Autrichien; entrer dans une carrière publique, c'était encore devenir Autrichien; il était défendu sous les peines les plus odieuses de parler et d'écrire autrement que dans le sens autrichien; c'est à peine s'il nous était permis de penser sans entraves; comment veut-on que nous ne soyons pas abâtardis? Laissez-nous respirer et agir librement et vous verrez ce que nous pouvons devenir; nous en donnons déjà des preuves depuis six mois.»

Les femmes n'ont pas été exposées à tous ces inconvénients; dans leur intérieur rien n'avait été changé; elles se bornaient simplement à s'abstenir de toute réunion où elles auraient pu se trouver avec l'ennemi commun; elles ont donc conservé leur indépendance et leur fermeté.

Du reste, maintenant que Milan est affranchie, que rien n'empêche plus la libre manifestation des sentiments de ses habitants, le courage leur est revenu et ils ne négligent aucune occasion de signaler leur patriotisme. La garde nationale est animée du meilleur esprit, et si l'on veut s'épargner quelque avanie on fera bien d'éviter de parler allemand, de s'abstenir de réunir les couleurs jaune et noire, sous quelque forme que ce soit. Peu de jours avant notre arrivée, un commencement d'émeute avait eu lieu parce que deux dames se montraient en chapeaux ayant les couleurs autrichiennes : on ne les a pas fouettées sur la place publique, mais on leur a conseillé de rentrer chez elles et de s'abstenir d'afficher un symbole provocateur.

On ne peut cependant pas nier que la Lombardie doive, en quelques points, de réelles améliorations à l'Autriche; ainsi les routes sont dans un état parfait; la sécurité publique s'est accrue au point que les actes de brigandages, si fréquents jadis, ne sont presque plus que des traditions. Toutefois il y a eu et il y aura toujours, comme partout, des exceptions. Ainsi, dans les premiers jours du mois de septembre dernier, la diligence de Brescia à Crémone a été dévalisée, sans cependant que les voleurs aient fait du mal aux voyageurs. Mais voici une autre histoire qui s'est passée à Milan même, à peu près à la même époque. La police fut prévenue qu'une expédition sur une grande échelle était projetée contre un palais habité par une riche famille, au *Borgo di Corso orientale,* non loin de la maison que nous occupions. Ce palais a un jardin qui s'étend jusqu'au rempart; des malfaiteurs armés devaient s'y introduire la nuit et opérer une razzia complète lorsque tout le monde serait endormi. On cacha donc un détachement de soldats sardes dans toutes les parties du palais. En effet, à l'heure indiquée, les brigands, au nombre de douze, allaient envahir les ap-

partements, lorsque les soldats sortirent de leurs retraites ; un véritable combat s'engagea auquel prit part
un des fils de la maison qui fut même blessé ainsi que
deux ou trois soldats, mais tous les voleurs furent pris
et conduits en lieu de sûreté.

Cependant de pareils crimes deviennent, je le répète,
de plus en plus rares, et le moment est peut-être arrivé
où ceux qui visiteront l'Italie n'auront plus d'histoires
de brigands à raconter ; ce sera moins pittoresque,
mais beaucoup plus rassurant.

La Lombardie paraît avoir de bonnes institutions
municipales, l'instruction primaire semble aussi y être
l'objet d'une constante sollicitude : sous ces rapports,
me disait un banquier de Milan, nous sommes plus
avancés qu'on ne l'est en Sardaigne.

On répète assez généralement que si dans les villes
de la Haute-Italie les troupes françaises ont été bien
accueillies, il n'en a pas été de même à la campagne ;
que le paysan nous voyait avec mécontentement, qu'il
aurait préféré rester avec les Autrichiens. S'il en est
réellement ainsi, et je n'ai pas eu occasion de le constater, on en comprendra peut-être la cause en étudiant
la situation du campagnard. Dans tous les pays du

monde le cultivateur craint la guerre, il déteste ceux qui viennent ravager ses terres et ses habitations, mais nulle part cette horreur de la guerre et de ses fléaux ne peut être mieux justifiée qu'en Sardaigne et en Lombardie où la position du paysan est bien différente de ce qu'elle est en France. Dans toute la plaine le paysan ne possède pas de terres, il n'est que fermier. Le sol appartient exclusivement à de plus ou moins grands propriétaires, qui, pour le faire cultiver, établissent sur leurs domaines une ou plusieurs familles de cultivateurs, auxquelles ils abandonnent pour tout salaire une part proportionnelle dans les récoltes. Ainsi ces familles reçoivent le tiers du blé et surtout du maïs, qui est la principale nourriture du peuple, le dixième du raisin, une part dans la soie et ainsi de suite de tous les produits, excepté le fourrage dont elles n'auraient que faire, puisque tout le bétail appartient au propriétaire du sol. Celui-ci leur fournit par contre le logement, les locaux pour les magnaneries et paie les impôts.

Le paysan n'a donc qu'une position précaire, il n'est pour ainsi dire que simple journalier et le système politique qui régit son pays lui est indifférent; qu'il soit Autrichien, Espagnol ou Italien, il ne s'en inquiète guère, pourvu qu'on le laisse en repos. Ceux qui saccagent ses champs, lui enlèvent sa nourriture, sont ses ennemis, n'importe comment ils s'appellent et d'où ils viennent. Son éducation politique est nulle; son patriotisme se réduit au désir du bien-être. Il n'est donc pas surprenant qu'il ait pu voir avec déplaisir l'arrivée des troupes françaises et qu'il eût préféré rester en paix avec les Autrichiens. Aujourd'hui qu'il est devenu sujet sarde et que son repos parait être assuré, il ne voudrait pas voir revenir les *Tedeschi*.

A Milan tout est organisé pour faire promptement une ovation sur la plus vaste échelle; les drapeaux sardes et français flottent sur tous les édifices publics, sur la plupart des palais et des maisons particulières. Différentes manières ont été imaginées pour indiquer l'union des couleurs nationales de France et de Sardaigne; ainsi le drapeau sarde, qui se compose, comme on sait, de vert, de blanc et de rouge, a d'ordinaire la cravate tricolore française et le drapeau français la cravate aux couleurs sardes; ou bien les bannières sont quadricolores, c'est-à-dire qu'une bande bleue est ajoutée aux couleurs sardes, et on retrouve ainsi dans un sens le drapeau français et dans l'autre le drapeau sarde.

Les édifices publics, les palais et beaucoup de mai-

sons particulières ont au bas de chaque croisée un bras
en bois ou en fer, en forme de candélabres dans lequel
on place, au moment d'une illumination, d'énormes
cierges.

Le jour d'une fête politique les drapeaux se multi-
plient encore; les balcons, et l'on sait déjà combien
ils sont nombreux, sont ornés de tentures de tous
genres; des propriétaires s'entendent pour attacher au
travers de la rue des draperies de couleurs diverses
garnies de franges ou de galons en or ou en argent. Le
soir tous les balcons, toutes les croisées, depuis le
rez-de-chaussée jusqu'aux combles sont illuminés, rarement avec des lampions, presque partout par des
bougies, des lampes ou des transparents; quelques
personnes exhibent des objets d'art, tels que bustes,
statuettes, groupes allégoriques. Aucune maison, même
dans les quartiers les plus reculés, ne fait exception;
il n'y a pas jusqu'aux églises qui ne soient pavoisées et
illuminées. Des musiques stationnent sur les moindres
places, et les corps de musique ne manquent pas à
Milan. Outre les musiques militaires il y a celles des
différentes armes de la garde nationale, celles de *Banda*
ou associations diverses, enfin celles de plusieurs
nobles qui ont des troupes de musiciens à leurs gages.
Lors d'une fête toutes ces musiques sont mises en ré-

quisition et le peuple vient les écouter avec un religieux silence pendant des heures entières.

Nous avons assisté à deux démonstrations de ce genre.

Voici la note que j'ai adressée au *Courrier du Bas-Rhin* sur l'une d'entre elles :

« Une imposante manifestation patriotique a eu lieu hier, 19 septembre, à Milan, à l'occasion de l'arrivée des députés de Parme et de Modène. Dès le matin toutes les maisons ont été pavoisées, les balcons, les fenêtres se sont garnis de tentures, les drapeaux de France et d'Italie flottaient par milliers, d'immenses préparatifs ont été faits pour l'illumination. Vers le soir, la garde nationale de Milan, qui est vraiment très-belle, s'est réunie sur la promenade publique, près de la porte d'Orient, et s'est ensuite rendue sur la place du Dôme où elle s'est massée; dans ses rangs flottaient les drapeaux de France et d'Italie; tous les fusils étaient ornés de fleurs.

« A sept heures du soir une foule compacte parcourait le Corso oriental et son large faubourg. Bientôt une animation très-vive annonça l'arrivée des députés. Ils furent complimentés à la station du chemin de fer de la Porte-Neuve, par M. Belgiojoso, maire de Milan, entouré du corps municipal.

« Plusieurs voitures de gala les reçurent et ont été

suivies de près de deux cents autres voitures. La foule
accueillit le cortége avec les plus vives acclamations;
il traversa une grande partie de Milan, jusqu'à l'*Hôtel
royal*, où les députés descendirent. L'illumination était
des plus brillantes. Toutes les maisons étaient éclairées
par des lampions, surtout par des bougies et des *cierges*,
depuis le rez-de-chaussée jusqu'aux combles; tous les
édifices publics, *y compris les églises*, brillaient de
lumières.

« A neuf heures du soir les députés se rendirent au
théâtre de la *Scala*, dont les couloirs et les escaliers
avaient été ornés de tapis, de fleurs et d'arbustes. La
vaste salle de la Scala qui peut contenir 3600 personnes dans ses 200 loges et son parterre, était éclairée
à *giorno*. Deux loges richement décorées, avaient été
préparées pour la députation; à l'entrée des députés
le spectacle qui venait de commencer fut interrompu
par d'unanimes acclamations; tout le monde, hommes
et dames, applaudissait, on agitait les mouchoirs, l'enthousiasme était à son comble. La musique de la garde
nationale vint sur la scène jouer un hymne patriotique.
Bientôt le calme se rétablit, le spectacle, qui se composait de l'opéra de Verdi, *Rigoletto*, et du ballet de
Stella, fut repris. Mais à chaque entr'acte les acclama-
mations se renouvelaient. Avant de se retirer, la dépu-

lation entière salua le public, et l'un de ses membres, le comte Sanvitale, de Parme, vénérable vieillard aux cheveux blancs, remercia la foule en quelques paroles d'un chaleureux patriotisme; il termina son discours par les paroles suivantes :

« Puisse le noble drapeau tricolore, emblème de la « liberté, flotter bientôt dans toute l'Italie! L'union de « tous les membres de la grande famille italienne fera « sa force et la rendra invincible! »

« Un cri de *vive la France et l'Italie unies!* parti de la foule, fut acclamé avec des transports indescriptibles.

« Cette manifestation populaire, où l'on ne voyait ni police, ni aucun agent de la force publique, s'est passée avec un ordre admirable. Il y avait dans la foule ce sentiment de dignité qui caractérise depuis quelque temps tous les actes politiques des Italiens » (*Courrier du Bas-Rhin* du 25 septembre 1859).

Quelques jours après, le 8 octobre, il y eut une autre ovation bien plus brillante encore ; ce fut à l'occasion de l'arrivée des députés de la Romagne.

Ces députés firent leur entrée dans Milan par la *Porta-Tosa ;* les rues étaient richement pavoisées. Le cortége s'arrêta aussi à l'*Hôtel royal.* Le lendemain un grand banquet fut offert aux Romagnols dans le foyer de la Scala. La place devant le théâtre était décorée avec un luxe et un goût inimaginables. Au milieu de la place s'élevait une formidable estrade circulaire surmontée d'un bouquet de fleurs colossal, d'environ 2 mètres de diamètre, soutenu par trois statues de grandeur naturelle; du milieu de ce bouquet s'échappaient de nombreux jets de gaz formant au centre le chiffre du roi sous une couronne. Autour des statues était une galerie assez élevée où se trouvait la musique de la garde nationale qui était entourée elle-même d'une large et riche guirlande de jets de lumière. Le piédestal de cette vaste estrade était masqué par un massif d'arbustes et de fleurs; enfin six grands mâts s'élevaient autour de ce groupe féerique. Ces mâts étaient garnis de globes illuminés en diverses couleurs, de baguettes en forme de cascades d'où s'échappaient des flots de gaz; au sommet il y avait des étoiles flamboyantes.

L'un des côtés de la place, entièrement formé par un pan de mur de trois étages de hauteur d'un bâtiment latéral de la direction des douanes, étincelait de verres de couleur dessinant les pilastres avec cintres dans le style Louis XV; au milieu brillaient, en feu blanc, les mots : *Viva l'Unione!* de chaque côté, au-dessous des cintres se détachaient, en couleurs ignées, les armes des principales villes d'Italie.

La façade du théâtre et celles de toutes les maisons

des deux autres côtés de la place, notamment l'élégant palais *Brambilla*, étaient brillamment illuminées.

La circulation des voitures avait été interdite sur la place où se pressait la population en masse compacte, toutefois avec calme, même avec ordre.

Après le banquet les députés de la Romagne parurent sur le péristyle du théâtre; une immense acclamation les accueillit; à toutes les fenêtres on voyait des dames agiter leurs mouchoirs; ce furent des transports enthousiastes. Mais bientôt un silence recueilli succéda à ces chaleureuses manifestations; l'un des députés s'était avancé pour prendre la parole. Son discours fut vivement applaudi ainsi que tous ceux qui suivirent pendant plus d'une heure, car chaque député voulut parler et longuement quelquefois.

Je me trouvais au milieu de la foule, avec ma femme, ma fille et mon gendre; nos deux dames s'étant dit quelques mots, à mi-voix, pendant l'un des discours, une femme du peuple réclama le silence, mais s'apercevant aussitôt que nous étions Français, elle s'écria : *O pardoni Francesi*, et dit, pour se justifier, qu'elle s'était laissé entraîner à ce mouvement d'inconvenance par l'ardent désir qu'elle a de ne pas perdre une seule des patriotiques paroles des députés. Ces mots furent dits en italien, d'un ton suppliant, et ce ne fut pas la seule preuve de déférence pour les Français que je remarquai chez les Italiens. On en verra par la suite encore d'autres exemples et j'aurais pu les multiplier.

Après avoir circulé pendant quelque temps dans les rues adjacentes nous rentrâmes chez nous et notre chemin nous conduisait naturellement par l'étroite rue (*contrada*) *San Paolo,* lorsqu'un mouvement subit de population se fit remarquer. C'étaient les députés qui arrivaient dans les équipages de la ville pour se rendre à la fête que les habitants de Milan leur offraient au Casino des négociants, situé dans cette rue. Nous dûmes nous arrêter; un instant après les députés descendirent de voiture aux acclamations de la foule; un prêtre se distingua parmi les plus enthousiastes.

Je dirai ici, en passant, qu'il y a beaucoup de prêtres à Milan, comme dans toutes les villes d'Italie. On les rencontre partout, jusque dans les cafés, à Rome, dit-on, même au théâtre. Ils sont rarement en soutane, et portent généralement la redingote, le gilet, des culottes courtes, le tout en noir; un petit col blanc est coquettement rabattu sur la cravate; leur coiffure est toujours le tricorne. Ils circulent dans les rues, aux promenades, quelquefois avec des dames, jusqu'à des heures fort avancées de la nuit. La tenue du sacerdoce,

et même le culte sont beaucoup moins sévères en Italie
qu'en France.

Pendant notre séjour à Milan une autre fête avait eu
lieu, mais d'un caractère bien différent : le 21 septembre on célébra le deuxième anniversaire de la mort
de Manin, dictateur de Venise en 1849 et l'un des plus
capables et des plus zélés apôtres de la liberté en Italie.
Il n'y eut pas de cérémonie extérieure ; tout se passa
dans l'enceinte d'une église, mais en présence d'une
foule considérable. Le catafalque élevé dans le chœur
était couvert de guirlandes de fleurs, parmi lesquelles
on remarquait une couronne qu'un jeune Vénitien était
parvenu à dérober à l'œil inquisiteur de la police autrichienne, et qu'il avait apportée jusqu'à Milan, au nom
de ses malheureux compatriotes. En apercevant cette
couronne, toutes les dames qui assistaient au service se
sont levées spontanément et ont été la baiser. La cérémonie a été imposante et touchante ; elle a eu un grand
retentissement[1].

[1] Un journal illustré de Paris, d'ordinaire mieux informé, a
publié un article sur cette cérémonie ; un dessin l'accompagne.
L'article est de pure imagination et évidemment fait par un
écrivain qui ne connaissait pas les faits et n'avait pas mis le
pied à Milan ce jour-là. Quant au dessin, il est complétement

Comme dans toutes les villes d'Italie il y a beaucoup d'églises à Milan, mais bien peu d'entre elles offrent de l'intérêt.

Le célèbre Dôme, œuvre admirable dans son ensemble, est celle qu'on visite toujours en premier lieu. Construit tout en marbre blanc qui a conservé sa fraîcheur dans les parties supérieures, bien aérées, il a pris une teinte d'un gris noirâtre vers le bas. C'est du côté du Corso que le coup d'œil d'ensemble en est le plus beau. La façade est moins heureuse, sa forme triangulaire, l'amalgame du gothique oriental et du rococo est choquant; mais ce qui est inimaginable, c'est la profusion et l'élégance des clochetons qui ornent le haut, c'est l'innombrable quantité de statues répandues partout; c'est la variété, la richesse, la légèreté des ornementations architectoniques.

Les parois de l'escalier qui conduit sur le Dôme sont couvertes d'inscriptions très-diverses, mais ayant le même but : empêcher les souillures; il y en a d'impératives et de suppliantes, mais elles ne produisent malheureusement aucun effet[1].

faux; il représente un cortége se rendant au Dôme; or, il n'y a pas eu de cortége et ce n'est pas au Dôme qu'a eu lieu la cérémonie, mais à l'église *San-Fedele*.

[1] En voici deux exemples pris au hasard : *Il prohibito porcare; par gratie non orinare.*

En arrivant sur le haut on est saisi d'admiration de la vue qu'on a de près et au loin ; on ne sait où arrêter d'abord ses regards étonnés ; l'art de la statuaire et celui de l'architecture ont semé là tant de richesses qu'on s'y perd et il faudrait bien du temps pour étudier tous les trésors qui vous entourent. Je me bornerai à citer deux statues colossales d'Adam et d'Ève, placées séparément dans des espèces de bas-fonds d'où en descendant un long escalier droit on peut les contempler à l'aise ; puis une délicieuse Rébecca de Canova, malheureusement un peu haut perchée sur un des sveltes clochetons et exposée à toutes les intempéries de l'air.

Le clocher a 112 mètres d'élévation, mais il n'est pas d'une forme heureuse ; ce qui contribue encore à le défigurer c'est une madone dorée, colossale, lourde et massive placée sur le faîte.

La vue au loin, après le panorama entier de Milan et les plaines monotones qui l'entourent, se porte jusqu'aux Alpes, et lorsque le temps est clair on distingue parfaitement une partie des Apennins, puis le mont Viso, le Mont-Cenis, le Mont-Blanc, le grand Saint-Bernard, le Mont-Rose, la Jungfrau, le Finsteraarhorn, le Saint-Gothard, le Splügen et jusqu'aux Alpes tyroliennes.

L'intérieur du Dôme est vaste et grandiose ; il est divisé en cinq nefs élevées, avec cinquante-deux colonnes dont celles du milieu sont garnies de statues près des chapiteaux. Des vitraux peints anciens et modernes ornent les fenêtres et plusieurs rosaces. Les voûtes sont peintes à fresque imitant l'architecture gothique : c'est la partie la plus faible du monument. Des œuvres d'art ornent les nefs latérales, le chœur et plusieurs chapelles : ce sont principalement des mausolées ; dans la sacristie se trouvent deux statues de saint Ambroise et de saint Charles-Borromée. Le trésor est placé dans une autre sacristie ; il se compose de divers vases et autres objets précieux et de reliques très-anciennes [1].

---

[1] Le Dôme de Milan est en général très-sévèrement jugé par les hommes compétents. M. Henri Lavoix s'exprime ainsi dans un article sur l'ouvrage intitulé *Excursion en Italie* que vient de publier M. Adolphe Lance, architecte :

« Suivons donc M. Lance dans ce fameux Dôme de Milan, hérissé de plus de trois mille clochetons, surmonté de tout un peuple de statues et qui dépasse Notre-Dame en grandeur. Voilà le secret de cet immense colifichet de marbre. Que de gens, en effet, ne mesurent leur admiration pour un monument qu'à ses seules dimensions ! qui prennent l'étendue pour la grandeur ! Que de gens n'estiment une œuvre d'art que par la valeur de la matière !

« Nous partageons l'avis de M. Lance au sujet du mauvais goût qui règne dans cet édifice trop vanté. »

(*Moniteur universel* du 5 mars 1860.)

Parmi les autres églises je mentionnerai les suivantes : *S. Carlo Borromeo*, achevée seulement depuis 1850, et construite sur le modèle du Panthéon de Rome; elle est précédée d'une charmante petite place donnant sur le Corso et entourée de trois côtés d'une belle colonnade d'ordre corinthien. Pour établir cette place on a démoli l'ancienne église de *S. Maria dei Servi* et les œuvres d'art qui s'y trouvaient ont été transportées dans la nouvelle; ce sont principalement une madonne en relief avec l'enfant Jésus et quelques tableaux de Borgognone et de Luini. Deux groupes modernes, en marbre : *La buona madre nel Venerdi Santo* et *La prima communione di S. Luigi Gonzaga per S. Carlo Borromeo*, exécutés par Marchesi y ont été ajoutés.

S. Lorenzo, ancien temple dédié à Hercule, mais considérablement modernisé. On y voit une belle chaire en marbre noir, blanc et rouge dans laquelle on prétend qu'a prêché saint Charles-Borromée. Dans une chapelle, derrière le chœur, se trouvent quatre colonnes antiques et le tombeau de Jean Visconti, érigé en 1538. Une chapelle latérale, dédiée à saint Aquilin, renferme le sarcophage de la fille de l'empereur Théodose, épouse du roi des Goths Ataulphe. Il y a de plus deux mosaïques curieuses, du cinquième siècle, représentant Jésus-Christ avec les apôtres et le sacrifice d'Abraham.

Au milieu de la rue qui précède cette église sont seize colonnes d'ordre corinthien très-anciennes ; on suppose qu'elles ont fait partie des thermes de Maximien.

S. Ambruogio, vaste basilique construite en 387, avec un portique du dixième siècle, sous les voûtes duquel sont différentes peintures et inscriptions du douzième au quinzième siècle. Les colonnes de la nef ont été entourées de damas de soie rouge, ce qui est d'un mauvais goût parfait. Mais il y a des objets fort curieux dans cette église. La chaire, en marbre blanc, date, comme le monument, du quatrième siècle. Des mosaïques du onzième siècle représentent le Christ, saint Gervais et saint Protais avec des anges. Dans le chœur des fauteuils en bois du dixième siècle sont artistement sculptés ; au fond du chœur est le trône en marbre blanc de saint Ambroise, patron de Milan. Au maître-autel il y a quatre colonnes en porphyre noir d'Égypte avec des dorures et qui sont du neuvième siècle. Enfin l'on voit le tombeau de l'empereur Louis II, de 875, et de son contemporain l'archevêque Anspert, des tableaux de Ferrari, Luini, Borgognone, etc.

S. Maria delle grazie, du quinzième siècle, avec un jubé en marbre noir, richement incrusté de marbre blanc et brun. La coupole, qui est très-belle, ainsi que le chœur sont de Bramante. Près des orgues il y a une vierge remarquable de Bernardi Luini; dans le chœur on voit une fresque de Léonard Malcotte et des fauteuils en bois très-anciens. Au-dessus de l'autel d'une chapelle latérale, on conserve avec soin une *Vierge* de Léonard de Vinci. La fameuse fresque du même maître, la *Sainte-Cène,* qui se trouve dans le cloître attenant à cette église est presque entièrement effacée.

Le service religieux protestant se fait dans une chapelle située dans le jardin d'une maison particulière.

L'ancien collége des Jésuites, *S. Maria di Brera,* est devenu le Musée des arts et des sciences. Ce beau palais contient des chefs-d'œuvre du plus grand prix, tant en peinture qu'en statuaire, une bibliothèque, une collection de médailles, un observatoire, etc. La galerie de tableaux est l'une des plus riches de toute l'Italie; parmi beaucoup de toiles d'un haut prix on remarque particulièrement le *Mariage de la Vierge* de Raphaël; des travaux du Titien, de Paul Veronèse, du Carrache, du Dominicain, etc.

Pendant que nous étions à Milan il y avait à Bréra la grande exposition automnale de tableaux et de sculptures. Les deux arts étaient largement représentés; les sujets relatifs aux derniers événements de la guerre dominaient parmi les tableaux. La statuaire nous a paru être la partie la plus remarquable de cette exposition.

Il y a à Milan six salles de spectacle, ce qui peut paraître bien considérable pour une ville de 170,000 habitants. La plus importante est le célèbre théâtre de la *Scala*, construit en 1778. C'est la plus vaste salle qui existe peut-être; elle peut contenir, comme je l'ai déjà dit, 3600 personnes. Les places réservées au public ne se composent que de loges, au nombre de 200 en six étages, et du parterre ou parquet qui occupe tout le bas de la salle; il n'y a ni galeries ni amphithéâtre. Les cinq premiers rangs de loges sont des propriétés particulières qui se transmettent par héritage. Entièrement séparées l'une de l'autre, ces loges sont décorées et meublées selon le goût de leurs propriétaires, qui en ont exclusivement les clefs. Quelques-unes d'entre elles sont très-riches; nous avons été plusieurs fois dans celle du marquis de L....., au premier rang, près de la loge du roi; elle est ornée de glaces et toute de damas de soie rouge et d'or, dans le style Pompadour. Aucun salon ne précède ces loges. Celle réservée au roi est au milieu et est décorée avec luxe.

Le maréchal Vaillant et son état-major ont deux loges correspondantes au premier rang à gauche de la scène.

Le prix d'entrée du spectacle est uniformément fixé à 2 fr. 65 c.[1], et dès qu'on a payé cette somme au contrôle, personne ne s'inquiète plus de vous, car on ne peut aller qu'au parquet ou dans une loge du sixième rang louée d'avance, ou enfin dans une loge dont le propriétaire vous aurait offert la clef; cette clef porte le numéro de la loge et indique le rang qu'elle occupe. Aussi n'existe-t-il pas d'ouvreuses de loges ou de *placeurs*, et l'étranger n'est tributaire d'aucune de ces industries si répandues dans les théâtres de Paris. Il y a même excès contraire à cet égard, car c'est en vain qu'on chercherait à se procurer un programme, un livret ou un journal. Le glacier seul a le droit de circuler.

On ne joue à la Scala que le grand-opéra et des ballets; trois ou quatre pièces forment tout le répertoire de l'année. Cet automne on alternait entre les opéras de *Rigoletto*, de Verdi, et *Mathilde de Schabran*, de Rossini[2], avec les ballets de *Stella*, féerie assez insignifiante, et de *Cléopâtre*, monté avec un luxe inouï;

---

[1] Il est de 1 fr. 75 c. pour les militaires.

[2] Voici le libellé de l'affiche : *Mathilde Schabran* del Maestro *Gioachimo Rossini*. CAV. DELLA LEGION D'ONORE.

quoique ce soit une idée assez originale de mettre en ballet l'histoire de la malheureuse reine d'Égypte, le sujet donnait libre essor à l'imagination du chorégraphe et du décorateur et ils en ont largement profité.

On donne toujours le ballet entre les deux actes de l'opéra. Le spectacle commence à huit heures et finit vers minuit. Une horloge transparente, placée au-dessus de la toile, indique l'heure de cinq minutes en cinq minutes.

La troupe d'opéra était fort médiocre cet automne, par contre le corps de ballet est toujours très-beau et très-nombreux. L'administration reçoit à l'école de danse annexée à la Scala une quantité de jeunes garçons et de jeunes filles de la ville, qui sont tenus, après leur apprentissage, de rester attachés pendant trois ans au théâtre; puis ils deviennent libres de contracter des engagements où bon leur semble. De là résulte qu'il y a toujours un corps de ballet composé d'un véritable bataillon de jeunes danseurs et danseuses.

L'orchestre est excellent; une particularité qui m'a frappé, c'est que le chef de musique, au lieu d'être placé devant les artistes, se trouve au milieu du dernier rang. Je ne me suis pas rendu compte du motif de cette disposition qui empêche les exécutants de suivre ses mouvements. Pour se faire entendre il frappe à chaque reprise, à chaque changement de mesure sur un timbre en métal à son aigu et agaçant.

L'éclairage de la salle est mesquin pendant les représentations ordinaires; le *grand* lustre est fort petit.

Le foyer est vaste, mais d'une architecture peu riche.

Dans les loges on fait grande toilette; les dames ont la mise de bal, les hommes sont en habit avec la cravate blanche. Au parquet, où les dames sont aussi admises, chacun s'habille comme il veut.

Les employés du contrôle sont en grande toilette, et un suisse superbe, en costume riche et barriolé, se tient dans l'antichambre.

Plusieurs palais particuliers renferment de précieuses galeries de tableaux, de statues et d'antiquités et témoignent du goût et de la richesse de leurs propriétaires.

Le palais *Bonaparte* (précédemment *J. R. Villa*) qu'habite en ce moment le maréchal Vaillant, commandant en chef l'armée française d'occupation, est l'un des plus beaux et des plus vastes de Milan. Il fut construit par ordre de Napoléon Ier pour servir de résidence au prince Eugène. Plus tard il devint le siége du gouverneur autrichien et c'est dans ce somptueux édifice qu'est mort Radetzki.

Les bas-reliefs de la façade postérieure représentent des sujets mythologiques d'un érotisme trop hasardé.

Un très-grand jardin est situé derrière le palais ; il y a de belles pièces d'eau, d'heureux accidents de terrain, des tonnelles, une grotte, enfin tout ce que l'art ancien du jardinage offrait de ressources a été employé pour embellir ce petit parc et faire oublier qu'il est dans l'enceinte d'une cité.

Parmi les beaux arbres qui y sont plantés j'ai surtout remarqué un *Salisburia adiantifolia* de la Chine (arbre aux quarante écus) d'une taille gigantesque. La serre et l'orangerie sont bien tenus ainsi que tout l'ensemble, mais on n'y voit pas une seule nouveauté.

La plupart des autres jardins que j'ai pu visiter sont bien tracés, bien plantés, mais ils sont généralement assez mal soignés. Les espèces d'arbres qui y dominent sont à peu près les mêmes que celles de nos jardins d'Alsace, seulement quelques-unes d'entre elles deviennent plus vigoureuses. On voit de plus quelques arbres plus méridionaux qui résistent malgré un froid souvent très-vif ; tels sont les figuiers, le *Magnolia grandiflora*, d'autres Magnoliers et des Conifères. Dans le jardin du palais *Busea* se trouve un *Glyptostrobus pendulus* d'au moins 15 à 18 mètres de hauteur, il était couvert de ses petits cônes. Un autre arbre curieux et d'un bien beau port est le *Melia Azedarach* dont un grand pied est dans le jardin de M. Burdin, horticulteur.

Milan possède plusieurs établissements horticoles ; le plus important est celui de MM. Burdin et Cie dont le chef a bien voulu me donner quelques renseignements sur le climat et les cultures dans le Milanais. J'ai déjà parlé du climat ; quant aux cultures, celle des fleurs est assez négligée chez les horticulteurs de profession, parce qu'ils n'en auraient que peu de débit. Les familles riches possèdent elles-mêmes des jardins et la classe moyenne n'achète guère de fleurs ; je n'ai pas vu une seule bouquetière.

L'arboriculture est plus avancée. Parmi les arbres fruitiers c'est le figuier qui est le plus répandu et notamment la variété à petites figues vertes ayant la chair rouge et très-sucrée ; puis vient le cerisier, dont les fruits sont très-beaux, l'abricotier, le pêcher haut vent produisant de grosses pêches ne se détachant pas du noyau et qu'on cueille avant qu'elles soient bien mûres ; les poiriers et les pommiers sont moins abondants. On cultive aussi l'Azérolier qui fournit un petit fruit rouge, ressemblant à une pomme en miniature et dont le goût est acide. Les grenades parviennent à maturité, mais elles sont toujours un fruit insignifiant.

Une société d'horticulture s'était formée il y a deux ans ; elle n'a pas eu de succès.

La culture maraîchère est très-belle ; on voit principalement de nombreux et magnifiques champs d'artichauts. Les jardiniers-maraîchers sont actifs et soigneux et connaissent bien leur état, à en juger par les résultats qu'ils obtiennent.

La grande culture est aussi conduite avec intelligence, mais elle est beaucoup moins variée que chez nous. Elle consiste en blé de Turquie, en froment en moindre quantité auquel on fait succéder une autre espèce de blé de Turquie qui reste très-court et ne sert que comme fourrage ; enfin en sorgho. Les pommes de terre ne réussissent pas bien, on n'en plante que dans quelques jardins.

La campagne ressemble à un immense verger, car sur chaque champ il y a plusieurs rangées de mûriers blancs, alternant avec des pieds de vigne isolés qu'on fait grimper sur des arbres tenus en moignons, à environ un mètre et demi d'élévation. C'est la manière la plus générale de cultiver la vigne en plaine. Mais depuis quatre ans elle est ravagée par l'*Oidium*, au point, me disait un grand propriétaire, que beaucoup de personnes la font arracher; tous les moyens pour combattre le fléau, y compris le soufre, n'ont pas abouti. Du reste, ajoutait ce propriétaire, la vigne est chez nous d'un maigre rapport; lorsque le vin réussit il vaut 4 fr. l'hectolitre, et voilà quatre ans qu'on n'en fait pas.

L'article le plus avantageux est la soie; aussi les magnaneries sont-elles très-nombreuses dans le Milanais; mais, depuis quelques années, la maladie des vers à soie occasionne des mécomptes.

Une autre branche importante d'industrie des environs de Milan est la fabrication du fromage. Grâce aux belles prairies qui s'étendent dans cette plaine, prairies qu'on peut faucher trois fois dans l'année, on élève beaucoup de bétail, surtout la grande race blanche hongroise aux cornes si longues. Aussi le lait et le beurre sont-ils excellents, et l'on expédie au loin les grands fromages qui se fabriquent sur une vaste échelle.

Enfin on élève beaucoup de volailles; leur qualité est ordinaire, mais elles se vendent à très-bon marché.

Je terminerai cette esquisse rapide des observations que j'ai pu faire, par des renseignements qu'il m'a été donné de recueillir sur quelques détails divers qui m'ont paru offrir des particularités toutes locales.

On sait difficilement l'heure exacte à Milan ; il n'y a pas d'horloge régulatrice ; chaque église en possède une, qui sonne son heure à elle sans s'inquiéter si elle est d'accord avec sa voisine : de là une véritable confusion. Mais ce n'est pas tout encore : à chaque quart d'heure on répète l'indication de l'heure qui précède, ainsi la quotité de l'heure est répétée quatre fois, de manière que pendant toute la journée et toute la nuit on entend des sonneries ; en joignant à cela le tintement des petites cloches des nombreuses églises pour les services religieux, on aura une idée du bruit qui règne dans l'air. Mais le vacarme descend aussi dans la rue et porte un autre genre d'atteinte à l'organe de l'ouïe des habitants ; ce sont les orgues de Barbarie dont le nombre est considérable et qui sont en permanence à Milan ; il y en a de tous calibres, depuis celles portées à dos d'homme jusqu'à d'énormes caisses traînées sur quatre roues et quelquefois accompagnées de trompettes, de grosses caisses et de sonnettes. Leurs barbares accents vous poursuivent partout.

D'autres musiciens ambulants, surtout des violonistes et des guitarristes, n'importe de quel sexe, braquent le soir leurs pupitres dans les rues et exécutent, d'a-

près des cahiers de musique, des concerts en plein
vent. L'art se prodigue en Italie sous toutes ses formes,
même les plus burlesques et quelquefois les plus im-
portunes.

Plusieurs journaux du soir paraissent à Milan, et,
dès leur publication, de nombreux colporteurs s'ef-
forcent de les vendre dans les principales rues. Tous
les soirs on est abasourdi par des cris tels que : *Il*
PUNGOLO, *dimanda il* PUNGOLO; *il* MOMENTO, *chi volete
il* MOMENTO[1].

D'autres écrits fugitifs se distribuent encore dans les
rues, surtout des écrits politiques avec des titres pi-
quants, étranges, impossibles. Ainsi on répandait
partout, à profusion dans les derniers jours d'octobre,
une grande feuille volante intitulée : *Il morte del Papa;*
tout le monde l'achetait; en le parcourant on s'aper-
vait qu'il s'agissait de la mort *politique* du pape à propos du soulèvement de la Romagne.

Une des choses les plus désagréables est le système
ou plutôt la confusion monétaire qui existe dans le
Milanais. Il y a des monnaies de tant d'espèces ayant

[1] Dans ces derniers temps l'autorité a un peu calmé l'ardeur
de ces colporteurs criards.

cours qu'on s'y perd ; les habitants eux-mêmes en sont embarrassés, et j'ai vu souvent, dans les magasins, avoir recours à la plume pour faire les calculs en apparence les plus simples. Ainsi on a l'ancienne lire italienne qui vaut 85 c. de France ; le florin et le zwanziger autrichiens, valant, le premier 2 fr. 50 c., le second 85 c. ; le franc de France ; les sous italiens, milanais, français ; les centimes italiens et français, ayant chacun une valeur différente : c'est à ne pas s'y reconnaître.

On assure, du reste, que cette situation changera bientôt par l'adoption du système décimal français comme seule monnaie légale. Il en sera sans doute de même des poids et des mesures de longueur ; le kilogramme sera substitué à la livre milanaise de 12 onces, le mètre au *brasso*, plus court que notre ancienne aune, et ainsi de suite. Le kilomètre tend déjà à remplacer le mille italien qui est de 17 à 1800 mètres. En un mot, il doit y avoir sous ces rapports une transformation complète, et ce ne sera pas le moindre des bienfaits que l'Italie devra à la France.

———

III.

COURSE AU LAC MAJEUR.

Une visite au *Lago Maggiore,* si réputé pour sa beauté, faisait l'objet de mes vœux les plus ardents, et comme ce lac ne devait se trouver à proximité d'aucun des chemins que nous avions à prendre, je me décidai à lui consacrer une course spéciale, en famille. Grâce aux chemins de fer ce n'est plus, de Milan, qu'une promenade très-facile à faire en un seul jour.

Nous sommes donc partis le 23 septembre, à huit heures et demie du matin. A neuf heures vingt-cinq minutes nous arrivions à *Magenta*, lieu devenu si célèbre par la victoire de nos armées. On est émerveillé de la bravoure et de l'audace de nos soldats qui ont su mettre en déroute des forces ennemies très-supérieures en nombre, sur un terrain si bien défendu par la nature et par des travaux de fortifications. Le village de Magenta est à gauche, les bâtiments de la douane sont à droite; dans le lointain on voit le pont de Buffalora du même côté. Puis vient le *Naviglio grande* et bientôt après le Tessin où étaient encore les restes d'un pont de bateaux qui avait été jeté pour les opérations de la guerre. De là on atteint *San Martino, Trecate,* et on s'arrête à dix heures et quart à *Novara*. A cette station le chemin de fer a trois embranchements; l'un va à Turin par Verceil, l'autre à Alexandrie par Mortara, et enfin le troisième se dirige sur Arona. C'est cette dernière ligne que nous avions à prendre.

En une heure et dix minutes on franchit ce trajet en traversant un pays quelquefois accidenté. Dans le lointain on aperçoit une longue chaîne des hautes Alpes parmi lesquelles le Monte Rosa élève sa cime majestueuse.

Arona est une petite ville de 5000 habitants, située sur le revers de collines; elle est dominée par un château fort et baignée à l'ouest par le lac.

Nous nous embarquâmes immédiatement sur le bateau à vapeur, et bientôt nous découvrîmes, à gauche, sur une hauteur, la fameuse statue en bronze et cuivre de saint Charles Borromée, haute de 22 mètres et élevée sur un piédestal de 15 mètres. Cette statue, érigée en 1650, jouit d'une grande réputation; on peut grimper dans son intérieur à l'aide d'échelles et à travers ses yeux on jouit alors d'une belle vue sur le lac. On voit le lac et ses environs tout aussi bien, sinon mieux encore, du bateau à vapeur et nous nous dispensâmes de faire l'ascension de la statue.

Le Lac Majeur est une eau imposante, presque partout entourée de hautes montagnes et le coup d'œil en est admirable. Ses bords sont moins émaillés de villas que ceux du lac de Côme, mais son ensemble est plus grandiose.

Nous naviguâmes jusque près de *Baveno*, l'endroit le plus pittoresque du lac, et nous débarquâmes à l'*Isola bella*. Cette île n'était anciennement qu'un rocher nu; en 1671 Vitalien Borromée y construisit un vaste château qui n'a pas été entièrement achevé, mais dont la partie habitée n'en est pas moins d'une étendue considérable, décorée et meublée avec un luxe princier.

Le reste de l'île a été converti en un jardin formé de plusieurs rangées d'arcades superposées figurant dix terrasses jusqu'à une hauteur de 120 pieds au-dessus du niveau de l'eau. Chacune de ces terrasses est recouverte d'une épaisse couche de terre végétale. Des richesses horticoles tout à fait méridionales que la douceur du climat de cette contrée permet de cultiver y sont réunies. On assure que la famille Borromée a consacré 45 millions à l'établissement de cette propriété.

Les murs des arcades sont tapissés d'orangers, de citronniers et de cédrats en espaliers, de plusieurs mètres de hauteur; les fruits en réussissent parfaitement. Sur l'une des terrasses les plus abritées se trouvent environ cinquante orangers haut vent de forte taille. Une autre terrasse, très-vaste, est plantée d'épicéas et de pins du lord plus que centenaires; une troisième forme un bois touffu de lauriers-nobles et de lauriers-cerises, de 20 à 30 mètres d'élévation. C'est sur l'écorce de l'un de ces énormes arbres qu'on voit encore quelques vestiges du mot *Bataglia* que, selon la tradition, Napoléon Ier traça avec un couteau la veille de la bataille de Marengo. Enfin sur une quatrième terrasse se trouvent vingt-neuf *Magnolia grandiflora* magnifiques; ils étaient couverts de fruits et donnaient ainsi une idée de ce qu'avait dû être la floraison. Ces arbres de plus de 15 mètres de hauteur avec leur feuillage épais et reluisant, d'un vert sombre, donnent un ombrage complet et présentent un aspect ravissant. Quelle différence entre ces magnoliers et ceux de la même es pèce qu'on élève dans notre climat!

Il m'est impossible de mentionner toutes les plantes curieuses qui viennent dans ces lieux privilégiés. Elles restent toutes à l'air libre pendant l'hiver, sauf les orangers et les citronniers qu'on couvre de légers châssis en bois[1].

[1] Voici la liste des plantes que j'ai principalement remarquées : *Laurus nobilis*, *Prunus Laurocerasus*, *Sassafras officinale*, *Camphora officinarum*, en arbres énormes; *Pinus aus-*

L'*Isola madre*, située à une demi-lieue à droite de l'*Isola bella*, a le climat encore plus doux que cette dernière île. Nous n'avons pas eu le temps de la visiter, mais le jardinier en chef de la maison Borromée m'assura que les orangers, les citronniers, les lauriers y sont d'une végétation plus vigoureuse encore ; qu'il s'y trouve un très-ancien et très-fort pied de *Cycas revoluta* du Japon, qui passe l'hiver en pleine terre ainsi que la belle Aroïdée nommée *Dracontium pertusum* ; qu'en général l'*Isola madre* est une véritable serre à multiplication pour toutes les plantes nécessaires au jardin du château.

tralis, **Pinus Pinea** de 15 à 18 mètres de haut ; *Magnolia Yulan* et *fuscata*, en très-grands arbres ; *Cupressus horizontalis* et *glauca pendula* ; le premier avec un tronc d'au moins 50 centimètres de diamètre et d'une hauteur de 20 à 25 mètres ; *Cunninghamia sinensis*, très-grand ; *Araucaria brasiliensis*, bien garni ; *Ephedra altissima*, *Quercus Suber* (le chêne-liége), avec son épaisse écorce spongieuse ; *Prunus caroliniana* ; *Maclura aurantiaca* ; *Metrosideros Lophantha* ; *Acacia Julibrissin*, de très-grande taille ; *Dacrydium cupressinum* de plusieurs mètres de hauteur ; *Aralia trifoliata*, aussi très-grand ; *Arbutus Andrachne*, *Clethra arborea* ; *Fuchsia arborescens*, gigantesque ; *Thea viridis*. Des Camellias monstrueux ; de très-vieux *Yucca* ; deux forts pieds de *Chamærops humilis* ; *Bambusa gracilis* ; *Scilla maritima*, en fleurs. De grandes plates-bandes d'*Azalea indica*. — L'*Adiantum Capillus Veneris* croît spontanément sur les murs, dans les crevasses des rochers humides et abrités.

De la terrasse supérieure d'*Isola bella* on a une vue admirable sur le lac; d'un côté on voit tout près Baveno, avec ses délicieuses villas. La plus somptueuse de ces habitations est le palais d'été de la duchesse de Gênes, qui, comme on sait, a fait un second mariage avec un officier subalterne.

De l'autre côté est la petite ville de *Pallanza*, si pittoresquement située sur les bords du lac et les rives de la Tosa. Au nord et à l'est, sur les premiers plans, s'élèvent des ondes les autres îles Borromées : *Isola madre*, la petite île de *San Giovanni*, celle de *San Michele*, propriétés de la famille Borromée, enfin l'île *dei Pescatori* peuplée d'environ 200 habitants exerçant la profession de pêcheurs. Plus au loin sont les hautes montagnes qui abritent le lac de trois côtés et lui assurent sa douce température. Il ne gèle presque jamais dans ces contrées, et lorsqu'il tombe de la neige elle disparaît immédiatement.

Pendant que nous parcourions ce merveilleux jardin, la famille Borromée, encore représentée par une assez nombreuse progéniture, se promenait sur le lac dans trois barques élégantes; leurs nautonniers portaient, les uns un costume rouge, les autres une livrée bleue.

Après être sortis du château, nous nous embarquâmes à notre tour dans un bateau à un rameur qui nous fit faire le tour de l'*Isola bella*.—Outre le château il y a encore sur l'île quelques maisons occupées par des employés du domaine des Borromée, et une petite auberge qu'on dit être passable.

Vers trois heures et demie le bateau à vapeur, qui revenait de Magadino, ville située à l'extrémité septentrionale du lac, se rapprocha de nous, et nous y prîmes place.

Le ravissant panorama que nous avions eu sous les yeux quelques heures auparavant se présenta de nouveau à nos regards enchantés. Nous passâmes trop rapidement, hélas! devant les riantes petites villes de *Stresa, Magnonino, Belgerate, Lesa* et *Meina*. De Baveno on peut faire de charmantes excursions; l'une, par la vallée d'Arona au *Lago d'Orta,* à six lieues; l'autre, moins éloignée, au *Lago di Mergozso* qui est réuni par un canal au Lac Majeur.

A quatre heures et demie nous touchions à Arona d'où le chemin de fer nous enleva sans retard jusqu'à Novare. A cette station nous trouvâmes un convoi considérable de nos soldats blessés qui rentraient en France. Nos cœurs furent navrés en contemplant ces

braves dont quelques-uns étaient horriblement mutilés.
Malgré l'état de souffrance qui accablait encore beaucoup d'entre eux, il régnait dans leur attitude une certaine satisfaction provoquée par le bonheur de rentrer
dans leur patrie et par ce noble contentement du devoir bien accompli. Tout témoignait qu'ils avaient largement payé de leur sang les victoires qui ont glorifié
l'armée française dans cette rapide et mémorable
campagne.

L'organisation de la marche des chemins de fer est
mal combinée pour les voyageurs qui veulent retourner
à Milan; il faut rester trois heures entières à cette
station pour attendre le convoi venant de Turin. Nous
employâmes ce temps à visiter les parties les plus im-
portantes de la ville.

Novare est une cité assez grande et un point stratégique très-important; elle a 15,000 habitants et est
située sur une éminence qui commande la plaine en-
vironnante. Vue extérieurement la ville est jolie, mais
dans son intérieur on manque d'air, les rues sont
étroites et irrégulières; quelques-unes ont des arcades
élevées sous lesquelles sont des magasins. Le Dôme,
qui date du cinquième ou du sixième siècle, n'est pas
achevé, et en ce moment même on s'occupe à termi-

ner la coupole entourée d'une galerie à colonnes. Il y a à Novare des familles très-riches et quelques beaux palais ; ainsi nous avons vu celui qu'habitait l'empereur Napoléon III lors de la dernière campagne. Une école des arts et de l'industrie, assez florissante, a été fondée par la comtesse Bellini.

Nous dinâmes ensuite à l'*Albergo dei tre Re*, où l'on nous donna, à raison de 3 fr. par tête, un dîner très-convenable, en partie apprêté à l'huile.

Vers neuf heures la cloche du chemin de fer nous appela enfin, et à dix heures nous rentrions à Milan, ravis de cette belle excursion que le beau temps avait favorisée.

De loin déjà nous avions aperçu le dôme brillamment illuminé, à l'occasion de l'arrivée des députés de la Romagne, l'effet en était très-beau et nous rappela, quoique dans de moindres proportions, le spectacle magique de l'illumination de la flèche de la cathédrale de Strasbourg.

IV.

DE MILAN A VENISE.

(Du 26 au 30 sept. 1859.)

Avant de quitter Strasbourg je m'étais fait un plan complet de voyage que j'exécutai sans en dévier. Toutefois je n'y avais compris Venise que comme une éventualité, car j'ignorais alors s'il était redevenu possible, depuis les derniers événements politiques, d'aller dans la partie encore soumise à la domination autrichienne. Peu de temps après notre arrivée à Milan j'appris que les communications étaient rétablies et qu'avec un simple visa appliqué sur mon passe-port par le consul de France, résidant dans la capitale de la Lombardie, ce voyage était faisable. Je n'hésitai donc plus à profiter de mon séjour dans ces parages pour aller visiter l'ancienne et curieuse souveraine de la mer Adriatique. Je fixai notre départ au 26 septembre, et, afin de prévenir tout ennui, nous réduisîmes notre bagage à un simple sac de nuit.

Le premier convoi du chemin de fer, qui se dirige vers l'Est, part de Milan à six heures du matin; c'est le seul qui aille en ce moment jusqu'à Venise.

On traverse d'abord une partie de la plaine du Milanais, en passant près de *Cassano*, où l'on franchit l'*Adda*, devant *Treviglio* et *Verdello;* vers huit heures on atteint Bergame, délicieusement située au pied des Alpes. Cette jolie ville a 30,000 habitants; elle est le lieu de naissance du Rubini et de Donzelli. Les magnaneries y sont en grand nombre. Une citadelle et un château fort la défendent. Sur l'une de ses places, appelée *il Broglio*, se trouve une statue de *Torquato Tasso* que les Bergamais considèrent comme leur concitoyen.

Non loin de Bergame, à l'est, est le lac d'*Iseo*, d'où découle l'*Oglio* que le chemin de fer traverse avant *Palazzolo*.

A partir de Bergame on longe les montagnes à des distances plus ou moins rapprochées, jusqu'au delà de Vérone.

A neuf heures et quart nous arrivions à *Brescia*, après avoir passé la rivière de *Mella*. Nous quittâmes le chemin de fer pour quelques heures et nous rendîmes à l'*Albergo reale* qui est réputé être le premier hôtel de la ville et que nous n'avons trouvé remarquable que par sa malpropreté. Après y avoir fait, non sans quelque dégoût, un déjeuner des plus simples, nous avons pris une voiture pour visiter le plus promptement possible les principales curiosités de cette cité.

Le musée des antiquités renferme des choses extrêmement intéressantes. Il est établi dans un ancien temple d'Hercule. Ce temple a 200 pieds de large; environ soixante marches s'étendent sur une partie de sa façade; il est en marbre blanc, de style corinthien et plusieurs belles colonnes existent encore sur le péristyle. L'intérieur est divisé en trois vastes pièces qui ont été restaurées et dans lesquelles sont étalées les richesses archéologiques qu'on a recueillies par des fouilles faites dans ce lieu. Dans chaque pièce est un autel. Ce qui nous a particulièrement frappés c'est une statue colossale d'une Victoire ailée, en bronze, avec une couronne de lauriers en argent; une statue de prisonnier, de nombreux bustes d'empereurs romains; une grande quantité d'inscriptions, des objets précieux, dont plusieurs sont modernes; des médailles de toutes les époques, des mosaïques, etc.

Les autres monuments que nous avons vus, sont :

Le *Duoma nuovo*, en marbre blanc, avec une magnifique coupole; commencée en 1604, cette église ne fut terminée qu'en 1825.

S. Afra, basilique d'origine très-ancienne, mais

modernisée; avec un curieux jubée et beaucoup de tableaux dont le plus précieux est la *Femme adultère*, du Titien.

S. Barnaba, élevée au quatorzième siècle sur les restes d'un temple dédié à Hercule; on y a quelques bons tableaux de Palma l'aîné, de Foppa, de Savoldo, etc.

S. Nazzaro e Celso, avec plusieurs toiles du Titien : l'*Annonciation*, la *Résurrection du Christ*, *saint Nazare* et *saint Sébastien*.

L'Hôtel-de-Ville ou la *Logia* du quinzième siècle est d'une architecture très-originale.

Le palais *Tosi* renferme une riche collection de tableaux et quelques belles œuvres de sculpture. Parmi les peintures il faut mentionner un petit *Christ,* peint par Raphaël en 1505, d'une beauté et encore d'une fraîcheur remarquables. La statuaire est surtout représentée par un buste de femme de Canova, un groupe et deux bas-reliefs, la *Nuit* et l'*Aurore* de Thorwaldsen, un magnifique *Ganymède* qu'on attribue à Phidias (400 ans avant Jésus-Christ), et qu'on dirait fait d'hier. — Le propriétaire de cette riche galerie est mort et l'a léguée à la ville de Brescia.

La citadelle est située sur une colline assez élevée et dont on peut faire tout le tour.

De nombreuses villas couvrent les montagnes qui s'élèvent au nord de la ville.

Brescia est une cité très-industrieuse; outre les magnaneries on cite les fabriques d'armes, de coutellerie, de tissus; nous y avons aussi remarqué un grand nombre de chaudronniers. Elle a 35,000 habitants et se distingue par son ardent patriotisme; les Français y sont parfaitement accueillis: nous en avons eu une preuve. En traversant la place du palais de justice où il y avait foule, j'adressai à haute voix quelques mots à notre cocher pour lui demander un renseignement. Aussitôt reconnus comme Français, nous fûmes vivement acclamés et de toutes parts retentirent les cris de : *Viva, viva bravi Francesi !* La haine des Autrichiens est extrême à Brescia; ses habitants n'oublient pas les cruautés commises en 1849 par le général Haynau.

En rentrant à l'hôtel nous eûmes le plaisir de rencontrer un compatriote qui venait avec sa sœur accomplir la triste devoir de chercher, pour le transporter en Alsace, le corps d'un jeune officier, leur proche parent, qui avait succombé aux suites de ses blessures. M. W... ne pouvait assez se louer des soins et des prévenances des habitants pour le seconder dans sa pieuse mission.

A deux heures et quart nous reprenions un convoi du chemin de fer pour aller à *Desenzano*. Le pays devient accidenté, on passe dans plusieurs tunnels et en une heure et quarante minutes on atteint *Lonato*, agréablement située sur une hauteur et dont la gracieuse coupole de l'église principale attire les regards. Des fortifications en ruine entourent cette ville ; il est question de les rétablir et de faire de Lonato une véritable place forte.

A *Ponte di Marco* on franchit la *Chiese*. L'ancien pont a été détruit par les Autrichiens ; il est remplacé par un pont provisoire en bois qui est trop élevé pour être bien solide ; mais on travaille activement à le remplacer par un pont en pierre et en fer.

Bientôt l'on découvre à gauche le majestueux *Lago di Garda*. La station du chemin de fer à *Desenzano* est sur une élévation d'où l'on domine cette magnifique nappe d'eau s'enfonçant, au sud, dans la plaine, mais au loin, vers le nord, dans une sombre gorge de montagnes abruptes. A droite, on voit les célèbres hauteurs de *Solferino*, et un peu plus loin celles de *San-Martino*.

De la station on descend, par une large avenue plantée de jeunes marronniers d'Inde sous lesquels pousse une haie de *Hibiscus syriacus*, vers Desenzano situé tout au bord du lac, à l'ouest.

Nous nous arrêtames à l'*Albergo imperiale* dont l'aimable hôtesse, fort jolie femme, nous fit les honneurs avec empressement. L'hôtel a une terrasse en grosses pierres granitiques que baigne le lac. Je demandai si un bateau à vapeur fait le service sur le lac? « Non, me dit notre hôtesse; nous en avions un, mais lorsque les Autrichiens ont été chassés sur l'autre rive du lac ils l'ont emmené. Mais n'importe, ajouta-t-elle avec exaltation, qu'ils gardent leur bateau, nous n'en voulons plus; nous sommes maintenant libres, nous sommes redevenus Italiens! Du reste, l'empereur Napoléon nous a donné quatre chaloupes canonnières qui valent mieux que le bateau autrichien! »

Nous fîmes appeler une barque à deux rameurs pour aller à la presqu'île qui s'étend en une étroite langue de terre, pendant trois quarts de lieue, du milieu de la partie méridionale du lac[1]. Vers l'extrémité septentrionale de cette presqu'île se trouve le village de *Sermione*, avec un château fort.

Au bout d'une heure de navigation nous arrivâmes à ce village près duquel stationnent les quatre canonnières armées dont nous avait parlé notre *albergatrice*. Les habitants sont tous pêcheurs; le lac est très-pois-

---

[1] Le prix convenu avec les rameurs fut de 8 fr. aller et retour.

sonneux ; il renferme notamment de grandes truites, des anguilles et des sardines.

Après avoir traversé le village, on monte sur une colline, en pente douce à l'ouest, terminée à l'est par des rochers à pic. Toute cette colline est couverte d'oliviers centenaires. A la dernière limite sont de vastes ruines qu'on dit être les restes d'une villa qui a appartenu au poëte Catulle ; un passage souterrain, qui traverse une partie de l'île, s'appelle la *Grotte de Catulle.*

Du faîte de la colline la vue est délicieuse ; à l'est de nombreux villages se succèdent sur les bords du lac, entre autres celui de *Garda* qui lui a donné son nom. A l'ouest, excepté Desenzano, on ne remarque guère d'habitations. La longueur du lac, depuis Peschiera jusqu'à Riva, est de 35 milles italiens, sa plus grande largeur de 12 milles, et sa plus grande profondeur de 290 mètres. C'est à peu près vers son milieu qu'est la limite provisoire entre la Sardaigne et l'Autriche : d'un côté le bonheur et la joie, de l'autre la plus profonde tristesse !

Après une bonne heure de séjour dans ce lieu ravissant, nous avons repris notre barque et, par une soirée délicieuse, au couchant du soleil, au milieu d'un silence absolu que n'interrompait que le mouvement méthodique de nos rameurs, nous reprîmes la direc-

tion de Desenzano. Les dernières lueurs du soleil donnaient au lac, dont les eaux étaient unies comme une
glace, un aspect étrange : d'un côté il était d'un
rouge semblable au reflet qu'occasionne un vaste
incendie ; d'un autre, il était d'un jaune brillant, et,
vers le fond, d'un bleu qui devenait tout noir en se per-
dant dans les montagnes. De temps à autre des truites
ou des sardines bondissaient sur la surface de l'eau,
ou quelques troupes de canards sauvages ou de poules
d'eau traçaient de longs sillons sur ces ondes tranquilles.

Mais bientôt la nuit devint profonde, le ciel mirait
ses étoiles dans le lac ; nous aperçûmes peu à peu les
lumières de Desenzano, et à sept heures du soir nous
débarquions, émerveillés de notre ravissante promenade.

Je m'enquis ensuite des moyens d'aller visiter Solferino ; un cocher nous avait offert ses services ; il
demandait 25 fr. pour nous conduire au village de
Solferino, nous laisser le temps de tout examiner en
détail et nous déposer ensuite à Peschiera pour le départ de onze heures du chemin de fer. J'acceptai ses
propositions et, nos conventions étant bien arrêtées, il
me remit 10 fr. comme gage de sa promesse et nous
souhaita le bonsoir.

Un dîner confortable, moitié à la française, moitié à l'italienne, vint terminer heureusement cette journée pour nous.

La nuit fut bruyante ; des chants et des acclamations nous arrachèrent au premier sommeil et durèrent plusieurs heures. On nous apprit plus tard qu'un bataillon d'un régiment sarde, tenant garnison à Desenzano, avait été remplacé par un autre et que la plupart des habitants étaient restés sur pied pour donner la conduite aux partants et bien recevoir les arrivants. Ils ne se seraient pas dérangés pour des Autrichiens.

A six heures du matin notre cocher nous attendait avec une petite voiture ouverte, attelée d'un cheval noir comme du jais, maigre comme un squelette, mais empanaché de torsades et de glands rouges ; le *vetturino*, au contraire, était un grand et gros gaillard, aux larges épaules et qui paraissait plus capable que son cheval de traîner notre char. Mais, comme on dit, la mine est souvent trompeuse, car ce chétif criquet nous enleva comme le vent et soutint presque toujours le galop pendant les cinq lieues de trajet qu'il eut à franchir.

En sortant de Desenzano la route passe sous un énorme viaduc du chemin de fer. Le terrain est accidenté et partout cultivé, sauf le sommet des collines qu'on laisse en jachère; près de Solferino les éminences prennent des proportions plus considérables. A mesure que nous approchions de cette fameuse tour construite sur le plus haut des mamelons, une vive émotion s'empara de nous. Dans quelques instants nous devions fouler ce sol qui fut inondé, il y a peu de semaines, du sang de tant de braves, qui renferme dans son sein les restes de si vaillants soldats, les uns sacrifiant leur vie avec un noble enthousiasme pour l'affranchissement d'un peuple opprimé par un pouvoir étranger; les autres mourant pour défendre une cause réprouvée par tous les sentiments généreux. Dans quelques instants nous devions contempler avec recueillement les lieux où s'accomplit le drame le plus sanglant de notre époque, où les phalanges françaises arrachèrent l'une de leurs plus glorieuses victoires.

Notre char s'arrêta près du village de Solferino, au pied des collines. Un villageois s'empara de nous pour nous servir de guide. Nous gravîmes un premier mamelon, au haut duquel s'élève une chapelle dédiée à saint Pierre. De là nous continuâmes à monter la côte d'où les Autrichiens ont été culbutés; des monticules de terre remuée depuis peu indiquaient les premières tombes où gisent les victimes. Arrivé sur la hauteur, on prend d'abord à droite pour se rendre au cimetière, témoin d'une des luttes les plus acharnées. De nombreuses traces de balles sillonnent extérieurement le mur du cimetière. Une peau de serpent de plus d'un mètre de longueur, collée contre ce mur, indiquait qu'une couleuvre de forte taille venait de faire sa mue, avant de se retirer dans l'une des crevasses. A mesure qu'on approche de la porte du cimetière, les traces de balles et de boulets augmentent; on remarque les meurtrières que les Autrichiens ont pratiquées dans le mur pour y placer la bouche de leurs canons et faire vomir la mitraille sur les assaillants. Mais en entrant dans le champ des morts la scène de désolation est à son comble : tout prouve qu'ici ont eu lieu des luttes désespérées; tout est bouleversé, saccagé, les portes sont brisées, les murailles entaillées, la chapelle du fond criblée de boulets et de balles; « c'est là, nous dit notre guide, que furent tués plusieurs soldats et deux officiers des *Tedeschi;* » leur sang a rougi les parois de l'autel. Les croix des tombes ont disparu; deux seulement existent parce qu'elles sont postérieures au combat; sur l'une on lit ces mots : *Au baron Des Chapelles, lieutenant de zouaves, ses camarades;* sur l'autre, il y a aussi le nom d'un officier français, mais il m'échappe; tous deux succombèrent à cette place. C'est, du reste, le 75e de ligne qui entra le premier dans cette enceinte. Le sol était encore couvert de cartouches. Deux petits pieds de buis sont les seuls vestiges de vie qui existent encore sur cette terre de désolation. J'en cueillis quelques branches, en mémoire de notre pèlerinage.

Du cimetière nous sommes revenus sur nos pas jusqu'à un mamelon, un peu plus élevé encore, où est l'église de Solferino sous l'invocation de Saint-Roch; elle est précédée d'une vaste cour où se font les processions; à côté est la maison commune. Le village de Solferino est divisé en deux parties, séparées l'une de l'autre par les hauteurs dont nous venons de parler; la moitié des maisons est au levant, l'autre au couchant; cette dernière dans une petite vallée très-étroite. L'église et la maison commune ont aussi été endommagées par les projectiles.

En sortant de l'enceinte que forment ces bâtiments, on gravit encore une petite côte et on arrive à la tour ruinée qui occupe le sommet du plus haut des mamelons: c'est une véritable montagne. On jouit de là d'une vue admirable: au nord, se déploie le lac de Garde; au nord-est, sont les hauteurs de *San-Martino;* à l'est,

Cavriana, Vallegio et *Villafranca ;* dans le lointain, au sud, on aperçoit la coupole et quelques tours de Mantoue ; à l'ouest, enfin, se déroule une plaine immense. La vue est si étendue, on domine tellement tous les pays environnants, qu'on a appelé la tour de Solferino la *Spia* (l'espionne). Vis-à-vis de la tour se trouve le mamelon des *Cyprès,* d'un accès très-difficile, et où les Autrichiens avaient concentré une formidable artillerie.

C'est dans cette position stratégique tout à fait exceptionnelle, d'où un général peut surveiller les moindres mouvements d'une armée, que les Autrichiens se sont fait battre par nos soldats, qui furent obligés de monter à l'assaut sur ces fortes hauteurs, sous des feux croisés de mitraille ! On ne comprend bien les obstacles qu'il a fallu vaincre, l'élan et la bravoure de nos militaires, tout l'éclat de ce fait d'armes, qu'en voyant et en étudiant ces localités à jamais mémorables. — Pourquoi cette rude, mais brillante victoire n'a-t-elle pas eu tout le succès qu'on devait en espérer? car la démoralisation la plus complète s'était emparée de nos ennemis ; avec très-peu de patience et presque sans coup férir, le reste de l'Italie septentrionale était affranchi. Il n'y a qu'une voix à cet égard dans le pays.

Après avoir jeté un dernier regard sur ces lieux, nous descendîmes vers la partie orientale du village de Solferino, où nous attendait notre *vetturino* à l'*Albergo*. Sept ou huit autres voitures de curieux comme nous venaient de s'arrêter dans la cour de cette mauvaise petite auberge qui prend le titre pompeux d'*hôtel*. Notre victoire fera peut-être sa fortune.

Notre coursier, il mérite ce beau nom, nous fit parcourir, avec la vitesse de l'éclair, un pays très-accidenté. Nous traversâmes *Pozzolengo*, où il y a un arsenal gardé par des *bersaglieri*. Bientôt après, de nombreuses sentinelles, des postes avancés, tous les arbres des environs coupés et gisant à terre, des canons braqués sur plusieurs forts détachés, comme à la veille d'une bataille, nous annoncèrent que nous allions entrer dans cette partie malheureuse de l'Italie qui n'est pas encore délivrée.

Vers dix heures et demie nous entrions à *Peschiera*. A peine avions-nous franchi les portes de la forteresse qu'un employé vint à nous pour demander notre passeport. Pendant qu'on examinait et qu'on visait cette pièce devenue si indispensable, ce qui dura un gros quart d'heure, des douaniers s'avancèrent pour visiter nos bagages; cependant ils n'insistèrent pas en présence de notre unique sac de nuit.

Peschiera, située dans un bas-fond au bord du lac de Garde, là où le *Mincio* en sort, est une très-petite forteresse, imposante seulement par les travaux de défenses qui l'environnent. Elle n'a de remarquable que deux belles casernes neuves, entre lesquelles est une place assez vaste et plantée d'arbustes. La station du chemin de fer se trouve à quelque distance hors de la ville.

Notre brave cocher avait tenu au delà de ses promesses, et son cheval plus encore. Je lui remis ses 10 fr. d'arrhes, les 25 fr. convenus et un florin en sus dont il me remercia avec effusion.

A onze heures, après avoir de nouveau exhibé notre passe-port, la locomotive nous entraîna vers *Vérone*.

On s'éloigne des montagnes jusqu'aux abords de cette ville, mais comme ensuite on incline à gauche, on ne les quitte plus jusqu'à Vicenze.

Comme à Peschiera, tous les forts environnant *Vérone*, et ils sont très-nombreux, sont sur le pied de guerre le plus complet; comme à Peschiera, tout est rasé autour de Vérone. Cette place étant adossée aux montagnes, de formidables ouvrages de défense couronnent les premières hauteurs, et on les augmente encore avec activité.

Vérone est une grande ville de 50,000 habitants et la forteresse la plus importante de la haute Italie. Sa situation est très-belle; précédée d'une vaste plaine, elle est en partie bâtie en amphithéâtre sur les premiers contreforts des Alpes du Tyrol. L'esprit de la population, m'a-t-on assuré, y est aussi anti-autrichien et aussi patriotique que dans les autres cités de l'Italie. Le régime du bâton et des verges ne lui convient pas plus qu'aux Milanais.

Il y a peu de curiosités à Vérone; la plus importante est un amphithéâtre romain fort bien conservé, qui a 513 pieds de long sur 410 de large, avec 72 arcades d'ordre toscan. Elle est la patrie de Catulle, de Cornelius Nepos, de Pomponius II, de Vitruve et de Pline l'Ancien.

Le chemin de fer y a deux stations, l'une à la *Porta-Nuova*, l'autre à l'extrémité opposée de la ville; cette dernière est la plus fréquentée.

A *San-Bonifacio*, troisième station après Vérone, le chemin de fer fait un coude immense vers le nord pour atteindre *Vicenze*. Vers *Montebello* on entre dans une large vallée, formée à gauche par la chaîne de montagnes qu'on ne perd jamais de vue, à droite par les monts *Berici*, peu élevés, mais boisés et pittoresques.

A Montebello même on remarque un charmant château de plaisance dominé par des ruines qui paraissent être très-anciennes.

Peu après on arrive à Vicenze, jolie ville de 30,000 habitants. A l'entrée il y a une belle promenade. L'architecte *Palladio*, qui est né à Vicenze, y a laissé beaucoup de preuves de son talent.

De Vicenze le chemin de fer reprend brusquement la droite, vers *Padoue*, à travers une contrée d'une riche végétation.

Padoue, la patrie de Tite-Live, a maintenant 45,000 habitants. Elle est le siége d'une ancienne et célèbre université, que les Autrichiens continuent à tenir fermée à cause des manifestations patriotiques que faisaient les étudiants. De nombreuses coupoles, des clochers sveltes et élégants s'élèvent au-dessus de la ville, qui a plusieurs belles places, mais dont les rues sont généralement très-étroites. Tout près de la cité sont les monts *Euganéens*, dont le sommet le plus élevé a 1776 pieds; on y remarque les ruines d'un couvent. Des sources minérales thermales existent dans ces monts, qui sont d'origine volcanique.

Non loin de Padoue on traverse la *Brenta*, rivière qui prend sa source dans le Tyrol et se jette dans les lagunes de Venise, près de *Fusina*.

La culture des champs est la même dans la Vénétie que dans la Lombardie : partout du maïs des deux espèces, du sorgho et la vigne. Les mûriers disparaissent près de Venise et sont remplacés, dans les champs, par des noyers et des érables, qu'on laisse arriver à tout leur développement et sur lesquels grimpent et s'étalent les vignes. Le labourage se fait avec des bœufs de race robuste, à pelage d'un blanc jaunâtre ; on voit aussi la race de Hongrie. La terre, argileuse et calcaire, paraît être très-forte en certains endroits, car j'ai vu des attelages de six bœufs à une seule charrue.

Mestre est la dernière station avant Venise ; tout près se trouve le redoutable fort de *Malghera*, puis on touche au pont des lagunes, merveilleuse construction qui relie Venise à la terre ferme, mais pour le service du chemin de fer seulement ; on n'a pas même ménagé un trottoir pour les piétons. Ce pont, commencé en 1842 et terminé en 1846, est long de 3596 mètres ; il a 222 arches, et cinq places ont été ménagées sur son parcours. Par la marée haute on semble faire ces trois kilomètres et demi en pleine mer : c'est d'un aspect unique.

La première impression qu'on éprouve en entrant à Venise est une indicible tristesse. L'ignoble station provisoire en planches vermoulues où s'arrête le convoi, la haie de gendarmes et de soldats de toute espèce entre laquelle il faut défiler par une longue et méchante galerie pour aboutir à l'*Ufficio di police*, où l'on n'est admis qu'un à un, le passe-port à la main, entre plusieurs factionnaires; l'interminable formalité du visa du passe-port, la minutieuse visite des douaniers, l'embarquement en gondole au milieu du désordre et de la confusion, la traversée dans des canaux étroits, obscurs, souvent d'une odeur infecte, entre de hautes maisons à l'air délabré, le morne silence qui règne partout et qui n'est interrompu que par les cris lugubres des gondoliers pour éviter les abordages, l'idée de l'oppression sous laquelle gémit cette cité, jadis si fière et si puissante, tout cela excite dès l'abord les sensations les plus pénibles.

Si l'état de siége a été légalement levé depuis peu, il n'en existe pas moins de fait. Une garnison de plus de 15,000 hommes occupant jusqu'à des palais, tous les forts armés, de nombreux corps-de-garde pourvus de fortes grilles en fer, derrière lesquelles les postes sont consignés, des canons braqués sur la place Saint-Marc, et dans le port des vaisseaux de guerre, surveillant la ville et la navigation : telle est la situation de cette malheureuse ville subjuguée qui, un instant, a pu saluer au loin les brillantes couleurs nationales de France; mais ces couleurs se sont bientôt évanouies comme des feux follets et n'ont laissé après elles, d'une part, que la stupeur et le désespoir, de l'autre, que la joie cruelle de la vengeance !

Nous étions arrivés à Venise à cinq heures du soir, par un temps ravissant. Il faisait très-chaud, et l'on attribuait cette chaleur au *Sirocco*, qui régnait depuis quinze jours. Ce vent ne se faisait toutefois pas autrement sentir, car la mer restait d'un calme parfait.

Nous descendîmes à l'*Hôtel-de-l'Europe*, ancien palais des *Giustiniani*, sur le grand canal; on ne saurait assez recommander cet hôtel, autant pour sa situation que pour sa somptueuse propreté, l'exactitude et la prévenance du service[1].

Après un bon dîner à table d'hôte, nous nous rendîmes immédiatement, en passant par deux ruelles étroites, à la fameuse place Saint-Marc où se réunit la foule pendant la soirée. Brillamment éclairée au gaz,

[1] Certains cabinets y sont notamment d'une recherche remarquable; sur la porte on lit: *Il giardino.*

cette place permet d'admirer, même de nuit, les curieux monuments dont elle est entourée. Elle forme un parallélogramme de 227 mètres de long sur 143 de large; en entrant par le côté ouest, on voit le palais royal à droite; à gauche, l'ancien palais des procureurs, devenu maintenant une série de logements particuliers; derrière soi, le nouveau palais bâti en 1810, sur les ordres de Napoléon, à la place de l'église *S. Gemignano*; enfin, devant soi l'église Saint-Marc. A gauche de cette basilique est la tour de l'horloge, surmontée d'une cloche sur laquelle deux Maures en bronze frappent les heures; devant elle s'élèvent les trois mâts en bois rouge avec piédestaux en bronze, érigés en 1505, et à leur droite la Campanille, haute de 112 mètres, et dont la construction, du reste fort simple, dura depuis 911 jusqu'en 1591. A droite de Saint-Marc est le palais des doges, qui s'étend jusque vers le quai des *Schiavoni*, et forme avec la *Loggetta* et une aile du palais royal, la *Piazetta* qui se termine au *Molo*. A l'extrémité de la Piazetta s'élèvent les deux colonnes en granit qui ont été rapportées de la Syrie, en 1120, par le doge Michiel. Sur l'une de ces colonnes est le lion ailé de Venise; sur l'autre la statue de saint Théodore, premier patron de Venise, mais remplacé plus tard par saint Marc.

Les différentes musiques des régiments autrichiens jouent le soir sur la place Saint-Marc; de nombreux musiciens ambulants se font entendre avant et après ces musiques : on s'efforce, mais en vain, de galvaniser la population, de lui donner une certaine animation; le silence de l'abattement répond à ces tentatives.

On sait que les principaux moyens de circulation sont les 147 canaux que desservent 14,000 barques et gondoles, et 22,000 bateliers; mais, excepté le grand canal, qui traverse la ville en faisant un double coude en forme d'S, les autres canaux sont plus ou moins étroits, tristes et malpropres. Mais ce que tout le monde ne sait pas, c'est qu'on peut circuler à pied dans tout Venise, en faisant, il est vrai, des détours considérables. Les rues ou *Calli*, étroites et sombres, sont au nombre de 2108 et reliées entre elles par des ponts qui sont au nombre de 360; celui de *Rialto*, sur le grand canal, est le plus connu; il est d'une seule arche, en marbre blanc, et à trois voies; celle du milieu est occupée par des magasins. Il y a en outre, sur le même canal, deux ou trois ponts en fer tout modernes.

Le seul beau quai qu'il y ait à Venise est celui qui

s'appelle le quai des *Schiavoni* et qui s'étend depuis le château royal jusque vers l'arsenal.

Toutes les places et les rues sont dallées ; aussi ne servent-elles qu'aux piétons ; ni chevaux ni voitures ne circulent à Venise. Au *Giardino publico*, vaste plantation qu'a fait exécuter Napoléon sur un terrain qu'occupaient quatre couvents, à l'une des extrémités de la ville, est un manége avec une vingtaine de chevaux pour ceux qui veulent se livrer à l'exercice de l'équitation ; mais ces chevaux sont confinés dans cette enceinte, qui est du reste peu fréquentée.

De nombreux et riches magasins se trouvent sous les arcades du palais de la place Saint-Marc et dans les rues voisines. A part les coraux, les mosaïques, des verroteries, quelques objets en paille et en coquillages, on n'y tient que des articles de Paris, surtout de la bijouterie.

Le 28, au matin, je demandai un guide *parlant français ;* on m'envoya le sieur *Luigi Campioni,* se donnant sur ses cartes le titre d'interprète ; si c'est le français qu'il entend interpréter, il lui reste encore fort à faire ; mais nous n'en avons pas moins été très-satisfaits de lui, et il nous a prouvé qu'il sait parfaitement son histoire de Venise. Nous convînmes de

5 fr. par jour, et je lui remis d'avance une certaine somme, en le priant de solder toutes les menues dépenses, telles que gratifications, prix des gondoles, etc. Au bout du second jour, M. Campioni me présenta son compte détaillé, et je me convainquis que de toute autre manière j'aurais payé plus cher.

Notre première course se dirigea vers le palais des doges, le *Palazzio ducale*. Ce monument est d'une construction très-originale; sa façade est d'un style à la fois roman, gothique et mauresque. Je ne décrirai pas en détail ce vaste palais qui contient des trésors immenses d'art et de science; tout retrace dans cette enceinte la fastueuse splendeur de l'ancienne Venise avec sa grandeur et ses crimes. Je me bornerai donc à parler de quelques objets qui m'ont principalement frappé.

Dans la cour sont deux grands puits où des femmes, qui font métier de porteuses d'eau, viennent puiser dans des seaux l'*acqua* assez peu *fresca* qu'elles vont vendre en ville.

A gauche est le fameux escalier *des Géants*, ainsi nommé parce que deux statues colossales de Mars et de Neptune sont placées au bas. Il est orné de belles sculptures et a été construit par *J. Sansovino*.

Les larges galeries du premier étage sont garnies

d'inscriptions et de bustes en marbre des principaux doges et généraux vénitiens. Plusieurs petites ouvertures, qu'on appelle *têtes de lions*, servaient, à l'époque de l'inquisition, à recevoir les dénonciations secrètes.

L'escalier d'honneur ou *scale d'oro* qui conduit aux grands appartements est orné de fresques du Titien et de son frère *Francesco Vecellio*. Un autre escalier plus simple mène au Musée archéologique, qui formait jadis l'habitation spéciale du doge; il y a là une assez grande collection de statues, de bustes, de bas-reliefs, d'autels antiques.

On passe ensuite dans la bibliothèque, qui renferme environ 100,000 volumes et 10,000 manuscrits, dont 800 en grec. La salle principale, qui est la plus vaste salle des palais d'Europe, est ornée de beaux tableaux de Paul Véronèse et d'autres maîtres; on y voit entre autres la plus grande toile du monde, œuvre de Tintoret : plus de 200 personnages y représentent le bonheur des élus : « mais, dit un critique, ce paradis manque de lumière. »

Tous les salons ont des plafonds remarquables, avec des peintures et de lourdes dorures[1].

---

[1] Les journaux ont annoncé depuis que le plafond de la grande salle menace ruine ; une fresque s'est crevassée et des plâtras en sont tombés.

Nous visitâmes encore d'autres salles en grand nombre, telles que celles du Collége, du Conseil des Dix, de l'Inquisition, etc., toutes remplies d'œuvres d'art.

Le *Pont des Soupirs* communique, par-dessus un canal, avec la prison d'où tant de criminels, et trop souvent des innocents, ne sont plus sortis. Il faut des torches allumées pour descendre dans les cachots souterrains spécialement réservés aux victimes politiques ; on contemple en frémissant le terrible lieu des exécutions secrètes d'où les corps des suppliciés étaient transportés nuitamment dans un petit cimetière situé près de l'église *S. Giovanni e Paolo;* l'entrée de ce cimetière était défendue sous les peines les plus sévères.

Du palais des doges nous passâmes à l'église Saint-Marc. Cet édifice, unique dans son genre, fut construit de 977 à 1083, pour y déposer le corps de saint Marc, que les Vénitiens avaient volé en 828 à Alexandrie en Égypte. Une des mosaïques de cette église rappelle comment le vol a été commis. Après avoir déterré le corps en secret, les Vénitiens le placèrent dans un panier et le couvrirent de jambons, objet d'horreur pour les Musulmans, qui laissèrent ainsi passer *cette contrebande* sans oser y toucher.

Tous les plafonds du Dôme et les murs intérieurs, jusqu'à quelques mètres au-dessus du sol, sont revêtus de brillantes mosaïques, à fond d'or et d'argent, du onzième au quinzième siècle.

L'ensemble du monument est de style oriental et gothique et forme une croix grecque avec six coupoles. Des richesses inouïes y sont étalées, butins des guerres que Venise soutint en Orient, ou provenant de la piété des familles patriciennes qui, à chaque événement heureux ou malheureux, dotaient les églises de somptueux cadeaux. Saint-Marc possède des œuvres d'art, de précieuses reliques de tous les genres, de tous les pays, de toutes les époques. Dans le *trésor* on montre, entre autres curiosités, l'anneau qui servait aux doges dans la cérémonie de leur mariage avec l'Adriatique ; mais ce qui est plus merveilleux, c'est le couteau dont s'est servi N. S. Jésus-Christ au repas qu'il fit avec les apôtres et pendant lequel il institua la Sainte-Cène ! Ce couteau a la forme d'un cimeterre turc.

En dehors, au-dessus de la principale entrée, se trouvent les quatre célèbres chevaux en bronze, qui n'ont guère de raison d'être là, et sur l'origine desquels on n'est pas d'accord. Tout ce qu'on sait de positif, c'est qu'ils furent transportés en 1206, par le podesta *Marino Zeno*, de Constantinople à Venise.

Pour bien apprécier leur grandeur colossale, il faut monter sur le balcon qu'ils occupent. Au-dessus de ces chevaux, dans une vaste niche, est placé le lion ailé de Venise, aussi en bronze.

En sortant de Saint-Marc, nous sommes montés sur la *Campanille*. On gravit cette tour carrée par un chemin tournant n'ayant qu'une marche à chaque angle. Napoléon Ier en a fait l'ascension à cheval. Le coup d'œil dont on y jouit est ravissant; tout le panorama de Venise avec ses lagunes et les nombreuses îles qui l'entourent se déroule à vos yeux fascinés; d'un côté, l'horizon n'est arrêté que par les Alpes du Tyrol; de l'autre, il se perd dans la mer Adriatique.

Au bas de la tour, du côté de la *Piazetta*, est la *Loggetta*, petite construction élégante, ornée de sculptures et de statues, et où se trouvaient la garde des doges et les procureurs de la république. En face, au coin de l'église Saint-Marc, est une colonne tronquée, en marbre rouge, d'où l'on publiait au peuple les décrets des doges; elle qui servait en même temps de pilori et sur lequel on exposait les banqueroutiers.

Des 120 églises qui sont à Venise, nous n'avons visité, outre Saint-Marc, que les six principales; ce sont :

S. Maria della Salute, avec le séminaire. On y voit treize tableaux du Titien, un grand nombre de toiles de *Tintoretto*, *Salviati*, *Luca Giordano*, et le mausolée de l'architecte *Sansovino*. Dans le séminaire est une galerie de tableaux, don du marquis Manfredini, laquelle contient de belles peintures de *Guido Reni*, *Leonardo da Vinci*, *Sebast. Piombo*, *Filippo Lippi*, etc. Cette église, toute en marbre blanc, avec deux grandes coupoles, est, comme architecture moderne, la plus belle de Venise; elle a été achevée en 1630 par *Longhena*. Située sur le bord du grand canal, son aspect est à la fois gracieux et imposant.

S. Zaccaria, du milieu du quinzième siècle, avec des restes d'une église du neuvième siècle. Il y a de bons tableaux de *Bart. Vivarini*, de *Giov.* et d'*Ant. da Murano* (plusieurs saints), de *Giov. Bellini* (Madonne et saints, de 1505; Circoncision), de *Palma* l'aîné, du Titien (*Mater dolorosa*), etc.

S. Giovanni e S. Paolo, avec trois nefs, construites de 1246 à 1395. C'est dans cette église qu'on célébrait les funérailles des doges; treize d'entre eux y sont enterrés. La façade de cet édifice a un riche portique en style gothique, sur lequel il y a des inscriptions du huitième et du neuvième siècle. Outre les mausolées des doges il y a dans l'intérieur une série de monuments commémoratifs de généraux, d'amiraux, etc. Une quantité de chapelles, jadis propriétés des grandes familles, entourent les nefs; ces chapelles sont ornées avec un luxe d'un goût quelquefois douteux. L'ensemble de cette église forme un véritable musée historique national.

Elle est précédée d'une petite place où est érigée la statue équestre du général *Bartolomeo Colleani*, de Bergame. Cette statue est la seule de son genre à Venise, et a été exécutée en 1495 par Alexandre *Leopardo*.

Degli Scalzi (des moines déchaussés), près de la station du chemin de fer. Cette petite église possède de belles sculptures de Léopold *de Posso*, de *Barthel*, de *Toretti*, maître de Canova.

S. Maria Assunta dei Gesuiti, l'une des basiliques les plus riches de Venise, bâtie en 1715. Les colonnes et les parois de la nef sont en marbre de Carrare, incrusté d'arabesques en marbre gris-bleuâtre. La chaire et les autels sont ornés de sculptures en marbre imitant des tapis. Le maître-autel, de *Torretti*, est d'une richesse extrême; il est entouré de colonnes torses incrustées de lapis lazuli. Parmi les tableaux on remarque le *Martyre de saint Laurent* par le Titien et l'*Ascension de la Vierge* par Tintoret. Le dernier des doges, Manin, mort en 1778, est enterré dans cette église.

S. Maria gloriosa ai frari, très-vaste et très-belle église, avec de nombreux monuments, principalement ceux élevés à la mémoire du Titien et de Canova. Le premier est un énorme arc de triomphe rappelant en sculpture plusieurs toiles de ce grand peintre; au milieu est la statue du maître entre le génie des arts et la déesse de la nature; d'autres statues décorent en outre ce magnifique mausolée. Vis-à-vis est celui dédié à Canova; il avait été esquissé par lui-même pour le Titien; en 1827 une souscription européenne le lui consacra. Il se compose d'une large pyramide devant laquelle est une série de statues allégoriques dues aux ciseaux des premiers artistes de Venise.

Outre ces deux grands monuments modernes, il y en a une foule qui datent d'autres époques et sont de genres très-divers, jusqu'à un buste de Jules-César, ainsi que de nombreux tableaux.

Les vitraux peints de *Marco*, de 1335, sont très-remarquables.

A côté du monument du Titien une statue étrange frappe vos regards : c'est celle d'une femme à demi-voilée se mirant dans une petite glace qu'elle tient à la main. Cette statue perpétue le souvenir d'une fille d'une grande beauté, mais de mœurs légères; amoureuse d'elle-même, elle portait constamment une glace pour s'y regarder. Tous les jours elle venait à l'église sans se séparer de son miroir. Un matin, pendant qu'elle faisait ses dévotions, elle fut frappée d'une attaque d'apoplexie foudroyante. Le magistrat de Venise décida qu'une statue de cette femme serait érigée à la place où elle est morte. L'idée est à coup sûr originale et tout à fait caractéristique.

Ce qu'il y a de plus curieux, après les églises, ce sont les galeries publiques ou musées et les palais particuliers ; ceux-ci sont presque tous accessibles aux étrangers, moyennant une gratification au *custode*.

L'*Academia delle belle arti* a une collection de tableaux et de statues, répartie dans plusieurs salles. L'école vénitienne y est représentée dans son ensemble le plus complet, depuis son origine jusqu'à nos jours ; vient ensuite un choix d'œuvres de maîtres de tous les genres et de toutes les époques. La pièce capitale est, sans contredit, la magnifique *Assomption de la Vierge* du Titien. On a aussi mis en regard le premier et le dernier travail de ce peintre : une *Annonciation* et une *Mise au tombeau* qui est restée inachevée ; Palma le jeune y a mis la dernière main. Une des salles est consacrée aux dessins et aux estampes, parmi lesquels il y a des esquisses de Raphaël et de Michel-Ange.

Enfin, on conserve dans une urne la main droite de Canova.

La *Scuola di S. Rocco* est un somptueux bâtiment élevé aux frais de quelques familles opulentes *à la bénéficence* des pauvres, comme nous dit notre guide. C'est encore un musée de peinture dont les droits d'entrée sont perçus au profit des indigents. Le rez-de-chaussée est occupé par une chapelle où, certains jours de l'année, se dit la messe pour le peuple. Un très-grand escalier intérieur, orné de belles fresques, conduit au premier étage, qui est divisé en plusieurs salles; dans la principale il y a une chapelle à l'usage des fondateurs de l'établissement. La plupart des tableaux qui sont réunis dans ce local sont dus au pinceau de l'infatigable Tintoret; quelques-uns sont du Titien et d'autres maîtres.

Parmi les palais privés, nous n'en avons visité que deux :

1° Celui de l'ancien doge *Vendramin-Calergi*, appartenant aujourd'hui à Mme la duchesse de Berry et situé sur le grand canal. Ce palais, composé de 66 salons de maîtres, répartis en trois étages, et de 34 chambres de serviteurs, est entouré de deux petits jardins; il est certainement l'un des plus somptueux de tout Venise. On imaginerait difficilement plus de goût et de richesse dans le choix des ameublements, des objets d'art et des souvenirs de famille, qu'il n'y en a dans ces salons.

2º Celui de la famille *Giovanelli*, en style ancien restauré. Il est moins luxueux que le précédent, mais plus coquet. Les tableaux et autres objets d'art y sont aussi en profusion. Un épisode de la conspiration de *Marino Falieri*, récemment peint par *Molmenti*, de Milan, nous a particulièrement charmés; un *Saint-Roch* du Titien, deux belles toiles de Salvator Rosa sont les joyaux de cette collection.

Notre guide zélé voulait nous faire voir encore bien d'autres palais, mais nous lui demandâmes grâce. La constitution la plus robuste ne saurait résister aux fatigues causées par les efforts que nous faisions depuis deux jours : l'attention s'émousse, la vue se trouble et l'on devient presque indifférent aux plus belles choses. Nous nous décidâmes donc pour un autre genre de courses, celles en gondole, fort agréables, je vous assure, quand on se propose d'explorer les environs de Venise. La première fut dirigée vers l'île *Murano*, à une petite demi-lieue à l'est. A mi-chemin à peu

près, on passe devant l'île Saint-Michel, où est le cimetière de Venise et un couvent de capucins.

Murano jouissait jadis d'une grande prospérité; ses
verreries produisaient les célèbres glaces de Venise ainsi
que des cristaux en couleur. Il y avait alors 15,000 habitants vivant en grande partie de cette industrie. Aujourd'hui.le nombre des habitants est réduit à 4500;
les verreries qui existent encore, et dont nous avons
visité en détail la plus importante, ne font plus guère
que des perles et des cristaux qui ne sauraient soutenir la comparaison avec les progrès obtenus dans ce
genre en Bohême et en France. Nous avons acheté un
verre orné fait en notre présence; il est de très-mé-
diocre qualité.

Un peu plus loin que Murano se trouve l'île de Saint-
François, où l'on vous dit que ce saint est mort; mais
c'est une erreur, car il est constaté qu'il termina sa
carrière, le 4 octobre 1226, à Assise, sa ville natale.

Après être rentrés dans Venise nous avons parcouru
les principaux canaux, et notre attention a été attirée
sur plusieurs points intéressants, tels que la maison
de chétive apparence qu'habitait Paul Véronèse; les
palais où ont demeuré les poëtes Goldoni, Pétrarque,
lord Byron; la petite place et l'église de *Maria del Car-*

mine. A l'un des coins de cette place et donnant en partie sur l'eau, est l'ancien palais de la famille *Brabante.* C'est dans ce palais que, dans sa fureur jalouse, Othello assassina Desdémone. On assure qu'après avoir consommé son crime, le Maure de Venise se précipita par une fenêtre dans le canal. Cette fenêtre a été murée et on a placé devant elle une statue d'Othello.

Deux grands quartiers de Venise sont bâtis sur des iles séparées du reste de la ville ; l'une de ces îles, située en face du *Molo,* s'appelle Saint-George ; l'église de *S. Giorgio maggiore,* avec un cloitre, s'élève majestueusement sur le quai. L'autre île, à vrai dire composée de huit ilots réunis par des ponts, se nomme la *Giudecca.* Son nom lui vient de ce qu'elle était la première résidence des juifs ; plus tard ils furent confinés dans un *Ghetto,* dans l'intérieur de Venise ; mais le nom resta au quartier qu'ils avaient habité primitivement. Aujourd'hui les juifs sont disséminés, en assez grand nombre, dans les différentes parties de la ville.

Plusieurs églises se trouvent à la *Giudecca ;* la plus importante est celle du *S. Redentore,* bâtie en 1576 par Palladio et l'une de ses meilleures œuvres. Le troisième dimanche de juillet une grande fête y est célébrée ; on établit un pont de bateaux sur le large canal de la *Giudecca* jusqu'au quai en face, près de *S. Maria del Salute*. C'est sur ce pont que passe la procession, en grande pompe, de l'une de ces églises à l'autre. Cette fête religieuse, qui date de 1576, a été fondée, nous dit notre guide, *en rengraciement à la Vierge* d'avoir délivré Venise de la peste qui la désolait. Après la procession, des milliers de gondoles, ornées de rubans et de banderolles, illuminées le soir, se réunissent sur le canal ; grands et petits, riches et pauvres apportent leur souper et passent une partie de la nuit en divertissements sur l'eau.

Les Lagunes sont une étendue considérable de terre basse entièrement couverte d'eau pendant la marée haute et qu'on ne distingue çà et là, lors de la basse mer, que par des plantes aquatiques apparaissant à sa surface. Ces lagunes sont traversées par plusieurs canaux de 30 à 40 pieds de profondeur et qui permettent aux plus grands navires d'approcher de Venise. Les gondoles elles-mêmes suivent ces canaux et ne peuvent s'en écarter que par la marée haute.

Notre chemin nous conduisit par le canal appelé *Orfanello*, dans lequel stationnaient trois bâtiments de guerre autrichiens. Nous en rencontrâmes un quatrième, le *Vulcain*, amenant des troupes de Paolo.

Vingt minutes après nous touchions à l'île *S. Lazzaro*, jadis un hôpital de lépreux, maintenant un couvent d'Arméniens mékhitaristes. Le croissant turc est planté sur un cap de l'île, car ces moines se considèrent toujours comme sujets du sultan, quoiqu'ils aient quitté dès 1717 la Morée, alors soumise à la Turquie.

Nous fûmes reçus avec une grande bienveillance par le Père *Grégoire Djélal*, bel homme, dans la force de l'âge, à l'œil vif, aux cheveux et à la barbe d'un noir de jais. Il nous montra l'ensemble du couvent, qui forme un vaste cloître avec un jardin au milieu, dans lequel je remarquai des grenadiers en pleine terre. L'église est d'un style sévère; l'ornementation en est très-simple, car les cérémonies religieuses des Arméniens sont entourées de beaucoup moins de pompe que celles des catholiques romains.

La bibliothèque est tenue avec élégance; on y conserve quelques curieuses antiquités et des manuscrits précieux; nous avons vu entre autres une Bible arménienne écrite en 1508 et ornée de ravissantes miniatures. Une imprimerie polyglotte est établie dans le couvent, et l'on a réuni, dans une salle spéciale, des exemplaires des ouvrages en grand nombre qui y ont été imprimés. Un livre de prières, en vingt-quatre langues, valut à cet établissement la médaille d'argent à l'exposition universelle de Paris, en 1855. Le Père Djélal me fit don d'une *Histoire d'Arménie et de la littérature arménienne*, publiée en 1856, et de la tragédie de Corneille, *Polyeucte*, MARTYR ARMÉNIEN, traduite en vers arméniens, avec le texte français en regard, imprimée en 1858. Je lui promis en retour un choix de mes impressions en couleur, et je tins parole.

L'imprimerie est petite, mais soignée; il y règne beaucoup d'ordre et de propreté; elle a six presses anglaises en fer, mais pas de mécanique; les tirages sont faits avec soin.

Les Pères du couvent se livrent principalement à l'instruction des jeunes Arméniens; ils préparent leurs élèves à des carrières ecclésiastiques, littéraires ou scientifiques. Ils rédigent des ouvrages, en traduisent d'autres et envoient des missionnaires à Constantinople, en Arménie, en France, etc. Il y a en ce moment au couvent cinquante Pères et autant d'élèves.

Après avoir pris congé du Père Djélal, et remis une gratification au concierge, nous remontâmes dans notre gondole. A droite, à quelque distance de l'île Saint-Lazare, on voit le *Lazaretto*, lieu de quarantaine pour les navires arrivants, et, plus loin, le fort de

Malamocco, qui fut, jusqu'au neuvième siècle, le siége du gouvernement de la république vénitienne. A cette époque les doges choisirent pour résidence l'île de *Rialto;* celle de Malamocco fut abandonnée et même submergée par la mer. Elle reparut néanmoins au douzième siècle et fut bientôt repeuplée; maintenant elle a, avec Lido, environ 1000 habitants.

Enfin nous abordâmes au *Lido,* langue de sable et de terre d'environ dix minutes de largeur sur une trentaine de lieues de longueur, et qui sépare les lagunes de la mer. Le lieu où nous débarquâmes s'appelle *Fontane;* il y a quelques maisons avec une auberge, et un peu plus loin un restaurant avec des bains de mer très-fréquentés. La plage de la mer Adriatique est là très-belle, très-unie; elle se compose d'un sable des plus fins. La mer était d'un calme complet pendant que nous étions sur son bord; de nombreuses voiles de pêcheurs se balançaient doucement sur cette immense plaine d'eau bornée seulement par l'horizon.

Nous contemplâmes avec une véritable extase ce majestueux tableau de la mer,

> De l'infini sublime image,
> De flots en flots l'œil emporté
> Te suit en vain de plage en plage;
> L'esprit cherche en vain ton rivage,
> Comme ceux de l'éternité.
>
> (LAMARTINE, *Méditations poétiques.*)

Une demi-heure après nous rentrions dans notre noire gondole pour retourner à Venise; bientôt nous passâmes devant l'ILE SAINTE-HÉLÈNE où la duchesse de Berry possède un château avec un jardin de plaisance.

Nous rencontrâmes des navires marchands autrichiens, romains, grecs, russes, anglais, mais en petit nombre, car la marine languit et souffre à Venise, comme tout y languit et y souffre.   ·

Le soleil baissait et jetait ses derniers rayons sur la grande ville aquatique d'un aspect toujours si imposant, malgré son morne abattement.

Nous longions la promenade avec son manége, dont j'ai parlé plus haut, et je fus à même d'observer les arbres qui y sont plantés; ils sont vigoureux et se composent en majorité de *Gleditschia triacanthos*, de *Tulipiers*, de *Robiniers* et d'*Acacias boules*. Ce dernier arbre est très-répandu en Italie, malgré sa forme disgracieuse.

Nous nous approchâmes aussi de l'Arsenal, vaste établissement de plus de trois kilomètres de tour. Sans de hautes protections il est impossible d'y pénétrer en ce moment. Devant sa porte principale sont placés quatre énormes lions en marbre blanc; les deux plus grands se trouvaient jadis à l'entrée du port d'Athènes et ont été transportés à Venise, en 1687, par Fr. Morosini.

Le jardin botanique est situé tout près de la station du chemin de fer; il a pour jardinier en chef M. Joseph-Marie Ruchinger, Allemand de naissance. Les cultures y sont très-soignées, mais aussi très-pénibles, car la terre végétale n'a que deux à trois pieds d'épaisseur; le sous-sol est de la marne salée. L'eau douce manque, on n'a pour arroser que celle qui tombe du ciel, et lorsqu'elle fait défaut, comme cela arrive souvent, il faut en faire venir de loin.

La superficie du jardin n'est pas grande, mais quelques heureux mouvements de terrain suppléent au manque d'espace. Les plantations sont faites avec goût et une parfaite entente. Les serres ont peu d'étendue. Un pied colossal d'*Agave americana* se trouve près de l'entrée; on le couvre en hiver. Pendant les mois de janvier et de février le froid atteint quelquefois jusqu'à 10 degrés Réaumur, mais il ne dure pas longtemps; l'hiver est généralement court, le printemps est précoce et rarement il y a des retours de froid. C'est ce qui explique comment certaines plantes qui passent pour être délicates, peuvent affronter l'hiver sans trop souffrir, car on sait que c'est moins le froid qui les fait périr dans notre climat que les alternatives de gelées et de soleil que nous avons si souvent au printemps.

Les plantes qui dominent au jardin botanique de Venise sont les Conifères, les Cactées et les Aloès pour lesquels M. Ruchinger a une grande prédilection. Parmi les premiers j'ai vu de beaux échantillons de vingt à quarante ans d'âge[1]. Les arbres à feuilles caduques sont aussi très-variés[2]; enfin plusieurs plantes grasses sont monstrueuses de taille[3], entre autres un *Yucca aloi-*

[1] Voici les principales espèces : *Pinus maritima, insignis, Pinea, halepensis, calabrica; Juniperus pseudo-sabina, Gossainthanea, macrocarpa, thuioides; Cupressus funebris elegans, macrocarpa, torulosa; Thuia plicata; Podocarpus chinensis, Ephedra altissima.*

[2] J'ai pris note des suivants : *Pistacia Lentiscus* et *Terebinthus, Bignonia grandiflora; Cydonia chinensis* avec fruits; *Viburnum Tinus; Cestrum Parqui; Ligustrum japonicum; Rhamnus Clusii* et *Alaternus; Philyrea media, latifolia* et *angustifolia; Acacia Julibrissin; Punica Granatum,* fructifiant; *Cerasus lusitanica; Bumelia tenax; Lagerstrœmia indica; Myrsine africana; Jasminum nudiflorum* donnant ses fleurs jaunes dès le mois de février; *Raphiolepis sinensis; Fabiana imbricata; Elæagnus reflexa; Rhus radicans* et le dangereux *Rhus Toxicodendron.*

[3] Un *Opuntia spinosissima* de 16 pieds de haut; un *Cereus triangularis* de plus de 20 pieds de haut; on les rentre en serre; par contre les *Yucca gloriosa* et *aloifolia* résistent parfaitement en pleine terre.

folia abrité contre un mur depuis quarante ans et qui a au moins trente pieds de haut. En 1857, l'hiver a été si rigoureux qu'il a toutefois perdu deux de ses plus belles branches.

En résumé, j'ai été très-satisfait de cet établissement.

Il y a plusieurs théâtres à Venise; le seul de premier ordre est celui de *S. Felice,* mais il est fermé, son administration étant convaincue qu'il ne pourrait se soutenir en présence de l'état actuel des esprits. « Le gouvernement, nous dit un Vénitien, forcera peut-être le directeur de l'ouvrir cet hiver, mais ce sera une raison de plus pour que personne n'y mette les pieds. »

La culture est nulle à Venise, car il n'y a pas de terrains; l'industrie n'y est guère plus florissante. On le comprenait jadis, car pourquoi le Vénitien se serait-il occupé d'autre chose que des arts et du commerce qui suffisaient les uns à sa vanité, l'autre à lui procurer des richesses? Les vaisseaux sillonnant les mers ne lui apportaient-ils pas tout ce qu'il pouvait désirer? Mais aujourd'hui tout est bien changé; la superbe reine des mers est depuis longtemps déchue et réduite à n'être plus qu'une humble capitale de province; sa marine et son commerce sont annulés; Trieste, l'autrichienne, lui a tout enlevé, et l'activité industrielle pourrait seule rendre la vie à cette cité. Mais il lui faut pour cela la liberté; quand l'aura-t-elle?

Sur la terre ferme des environs la culture maraîchère se borne aux légumes ordinaires et à des fruits assez chétifs. On plante beaucoup de Cucurbitacées; deux espèces de citrouilles surtout servent à l'alimentation des pauvres; ce sont la *Succa santa* de la forme d'un concombre, mais quatre fois plus grosse et d'un jaune orange brunâtre, et la *Succa barocha*, assez semblable à un gros melon cantalou. On les grille entières et on les débite par tranches; leur saveur sucrée les fait aimer par les enfants.

En ajoutant à ces citrouilles les Aubergines, les Grenades, les fruits du *Diospyrus Lotus*, qui sont comme de grosses mirabelles rouges, sans noyau, à goût de nèfles, on aura à peu près le relevé exact des fruits autres que ceux qu'on voit dans cette saison en Alsace.

Les oranges, les citrons, les cédrats et d'autres produits du midi commençaient à se montrer, mais ils sont importés.

Il n'y a pas de pâturages dans le pays et on n'y élève, en général, le gros bétail que pour les attelages. Aussi le lait est-il rare et mauvais. Le beurre et le fromage viennent principalement de la Lombardie.

J'allais oublier de parler d'un fait assez caractéristique. Notre absence de Milan devant se prolonger, je
voulais en prévenir mon gendre et ma fille qui nous
attendaient à jour fixe. Je m'enquis du bureau télégraphique et y rédigeai la dépêche suivante : « Nous allons
bien; nous ne reviendrons qu'après-demain soir. »
Lorsque cette dépêche fut inscrite j'en demandai le
prix; l'employé de service me répondit en allemand :
« C'est 5 florins » (12 fr. 50 c.). — « Comment, dis-
je, cinq florins pour une dépêche simple jusqu'à Milan? » — « Milan, Milan, me fut-il répondu, nous
n'avons rien de commun avec Milan ; votre dépêche ira
en Suisse; les Suisses n'auront qu'à l'expédier à Milan! » — J'appris, en effet, que ma dépêche serait
dirigée sur Coire et que de là elle irait à sa destination
par le Splügen. Elle parvint à mon gendre en une
heure et demie[1].

[1] Voici ce qu'écrivait, il y a vingt ans, une dame, sur Venise,
et ses appréciations sont encore aussi vraies que si elles étaient
d'hier :

Quand on a vu Venise, on peut croire aisément à l'orgueil
de ses anciens habitants. Tout y retrace encore la gloire et la
grandeur de l'homme, son génie et ses œuvres. Il fit tout à
Venise, et sans la mer, sur laquelle il régnait également en
maître, rien ne montrerait la grande puissance créatrice de
Dieu.... Ici tout rappelle l'homme, mais l'homme seulement.

Le 30, à dix heures et quart du matin nous fîmes nos adieux à Venise pour retourner directement à Milan. A la station du chemin de fer, nouvelle visite des douaniers, nouvelle exhibition forcée des passe-ports, nouvelles précautions militaires, nouvelle injonction de ne sortir qu'un à un du bureau de police. A l'entrée comme à la sortie de cette malheureuse ville, le despotisme veut se faire sentir dans tout ce qu'il a de vexatoire et d'odieux.

Des détachements nombreux de soldats lombards,

Partout ailleurs, les œuvres créées par Dieu nous portent vers lui; depuis l'herbe foulée sous nos pas jusqu'aux montagnes gigantesques. A Venise c'est l'homme, toujours l'homme; on ne vit que de lui dans le passé qui étonne et confond, ou dans le présent qui attriste et décourage.... Venise n'est plus dans Venise, et ce qui manque à sa vie, c'est la vie....

En entrant dans le *Canal Grande*, j'ai été péniblement frappée de l'aspect dégradé de Venise, de cette superbe reine déchue. Tout a l'air pauvre, tout porte la physionomie du malheur et montre la décadence d'une puissance qui tombe chaque jour. A la plupart des fenêtres on voit du linge qui sèche, des vêtements déchirés; je ne connais rien qui annonce davantage la misère et son cynisme...

Il y a un prestige magique sur tous les grands souvenirs qu'on retrouve à Venise. On dirait qu'un rayon du passé éclaire encore tous ces vieux monuments près desquels le cœur bat et s'émeut, lorsqu'ils lui rappellent les splendeurs éteintes de Venise *la belle*; lorsqu'ils lui nomment les hommes illustres dont qui avaient été obligés de servir l'Autriche, et que, conformément aux préliminaires de paix de Villafranca, cette puissance renvoyait dans leurs foyers, faisaient partie de notre convoi qui avait ainsi acquis une longueur considérable[1]. Dès que le convoi eut quitté la station, ces militaires, sur les visages desquels l'expression du bonheur ne se dissimulait plus, se mirent à entonner des chants d'allégresse, suivis de cris de joie.

Nous cheminions lentement, et ce n'est que vers

la vie est racontée comme un exemple, un enseignement; ces hommes de haute renommée, qui avaient mis leur bonheur et leur gloire dans la prospérité, la grandeur et l'élévation de leur patrie. Toutefois, à Venise la tristesse s'empare de l'âme et de l'esprit. Partout ailleurs l'imagination s'exalte sur les débris du temps; à Naples, à Rome, dans ces villes de riches et antiques souvenirs, on admire les ruines parce qu'elles sont séculaires; elles donnent des pensées de puissance, des sentiments de bonheur; mais à Venise le malheur est en travail; on n'y voit que la souffrance. Ailleurs, j'aime les ruines qui sont faites; ici je pleure sur celles qui se font. Dans les siècles à venir elles auront aussi leur poésie. Aujourd'hui la vérité est seule et sans voile, et de tous côtés il semble qu'une grande et mélancolique voix s'élève du sein de cette ville croulante et répète sans cesse: Malheur, Venise, malheur à toi!

(Trois jours à Venise. 1840, par Mme ...).

[1] On m'a assuré que 30,000 Italiens seront ainsi affranchis.

quatre heures que nous atteignimes Peschiera, limite
de la domination autrichienne. Là recommença la sévère formalité de l'examen des passe-ports. Si l'Autriche
use de grandes précautions à l'égard des voyageurs
qui veulent entrer dans la Vénétie, elle n'est pas moins
inquisitoriale envers ceux qui en sortent, car l'émigration est considérable. Les habitants qui peuvent se
soustraire à l'oppression, pour gagner la terre libre,
usent de tous les moyens possibles pour y arriver.

A dix heures du soir nous rentrions enfin dans la
gare de Milan où de bonnes joies de famille nous attendaient, après une séparation de cinq jours seulement, il est vrai, mais c'était la première!

Nous avons pris notre premier repas de la journée à
dix heures et demie, car depuis Venise nous n'avions
rien pu nous procurer, sauf quelques pêches qu'on
nous avait offertes à Padoue. Il n'existe que peu de
buffets aux stations et là où il y en a tout est détestable.

Ce voyage nous laissera d'ineffaçables souvenirs;
c'est certes l'un des plus curieux de ceux qu'on puisse
faire sur le continent. Il impressionne aussi vivement
par la beauté et souvent l'étrangeté des sites et des
objets, que par les sentiments si divers qu'il excite;

celui qui domine est néanmoins la tristesse et l'on est
encore disposé à s'écrier avec Casimir Delavigne :

Non, Venise n'est plus : ses tranquilles tyrans
Marchent la tête haute. . . . .
Où sont donc ses héros? où sont-ils? sous ta main,
Qui touche leurs froides reliques.
Où sont-ils? cherche-les, au seuil de ces portiques,
Dans l'immobilité d'un simulacre vain,
Dans ces marbres debout sur des tombeaux gothiques...
Ses héros aujourd'hui sont de marbre et d'airain.

(Promenade au Lido, 7ᵉ Messénienne.)

V.

COURSE A PAVIE.

(Le 7 oct. 1859).

La célébrité dont jouit le couvent des Chartreux près de Pavie, le désir de mettre le plus possible à profit notre séjour en Italie, le plaisir de pouvoir faire une promenade en famille, toutes ces raisons me décidèrent à consacrer une journée à cette excursion.

Pavia est située à 31 kilomètres à l'ouest de Milan. Il n'existe pas de chemin de fer dans cette direction, par contre il y a des coches d'eau remorqués par des chevaux et faisant le trajet sur le canal qui relie ces deux villes ; mais on ne va pas vite et il est impossible d'aller et de revenir en un jour.

Nous fîmes donc accord avec un *vetturino* pour une somme de 30 fr., moyennant laquelle nous comptions sur une voiture convenable et sur deux bons chevaux ; mais nous nous aperçûmes bientôt que nous nous étions bercés d'une illusion : la calèche était mauvaise, et nos chevaux presque aussi détestables que le cocher, vieil entêté que ni exhortations, ni promesses, ni même menaces ne purent faire sortir de son apathie.

Nous quittâmes Milan à neuf heures du matin, en sortant par la *Porta Ticinese.*

Sur tout notre chemin nous ne rencontrâmes que des prairies bordées de saules, de trembles, d'aulnes ou d'acacias, plus rarement de mûriers. Ces prairies sont admirablement bien irriguées et j'ai été frappé par la vue des nombreux et beaux troupeaux de bétail qui s'y trouvaient. La route est, du reste, très-ennuyeuse; ce ne sont que des avenues droites, à perte de vue, longeant constamment le canal.

Après avoir passé par deux ou trois villages, on atteint la petite ville de *Binaseo,* avec un ancien château. C'est dans ce manoir qu'en 1418, le 13 septembre, le duc *Fil. Maria Visconti* fit exécuter *Béatrice Tenda* son innocente et noble épouse.

On arrive ensuite, à quinze milles de Milan, au village de *Torre del Mangano* où l'on quitte à gauche la route de Pavie pour s'arrêter, à quelques minutes de là, à la *Certosa S. Maria della grazie,* l'un des monuments les plus remarquables de la haute Italie. On en attribue la fondation, en 1396, à *Jean-Galeas Visconti,* seigneur de Pavie et comte de Vertu, qui se serait décidé à entreprendre cette grande œuvre, par vanité, disent les uns, d'autres assurent pour satisfaire un vœu de sa seconde femme *Catherine,* fille de *Barnabo.*

Quoi qu'il en soit, le duc Visconti y aurait consacré, selon la tradition, des sommes considérables et un immense parc où près de deux siècles après, en 1525, se livra la mémorable bataille de Pavie que perdit François Ier contre Charles V d'Espagne. Ce fut de ce lieu que François Ier écrivit à sa mère : *Madame, tout est perdu fors l'honneur.*

La construction de ce grand monastère n'a été terminée qu'en 1542.

Son entrée est précédée d'un canal avec de l'eau courante, et de deux piliers avec grilles en fer; après avoir passé le pont qui est sur le canal, on entre sous un portique orné de peintures à fresque; puis vient une vaste cour au fond de laquelle est l'église; de chaque côté sont des bâtiments réguliers servant à divers usages, et à l'extrémité, à droite, s'élève un édifice d'une belle architecture, appelé le *Palais ducal* et destiné autrefois à loger des étrangers de distinction ; aujourd'hui il est entièrement abandonné.

La façade de l'église réunit tout ce que l'art de la sculpture peut produire de plus varié en statues, bas-reliefs, médaillons et ornementations de tous genres; l'œil est comme fasciné par les détails infinis qu'on ne découvre que peu à peu.

Il est difficile d'assigner un caractère spécial à cette

construction; c'est du style de Bramante qu'il est le plus voisin. Son architecte fut *Jean Campion*, premier architecte de la cathédrale de Milan.

L'ensemble forme une croix latine de 80 mètres de long sur environ 60 de large; au centre s'élève une coupole entourée extérieurement de quatre étages de colonnades.

L'intérieur du temple est grandiose; il se divise en trois nefs, et à chacune des deux nefs latérales sont annexées sept chapelles dédiées à divers saints. Toutes ces chapelles sont entièrement revêtues de peintures à fresque de différents maîtres; les sujets en sont tirés de la Bible ou de la vie des saints. Les autels sont surmontés de grands tableaux dont quelques-uns ont de la valeur.

Ces chapelles et le chœur sont séparés des nefs par des grilles en fer et en cuivre d'un magnifique travail.

Le chœur et le maître-autel sont ornés d'une manière incroyable; on y voit des œuvres de marqueterie en bois et en marbre d'une finesse extraordinaire, des travaux en mosaïque d'une délicatesse extrême et une véritable profusion de pierres précieuses. Les parois les murs et la voûte sont décorées de belles fresques.

Une très-riche balustrade sépare le chœur du sanctuaire; sur cette balustrade sont placés quatre candélabres en bronze et deux obélisques de forme conique, aussi en bronze.

Le pavé du sanctuaire est composé de marbres très-fins de diverses couleurs et présente la forme d'un riche tapis.

A droite, dans le transept est le somptueux monument, en marbre blanc, élevé à la mémoire de *Galeas Visconti;* plusieurs artistes de mérite y ont travaillé pendant soixante-douze ans. Il est riche de sculptures, de bas-reliefs et de statues. Sa conservation est due au maréchal Berthier qui commandait, en 1796, en qualité de général, l'armée française en Italie : les Jacobins voulaient l'abattre parce qu'on y voit la couronne ducale et les armoiries de la famille Visconti. Berthier s'y opposa avec courage et fermeté. Les ossements de Galeas Visconti reposent sous ce monument. Ainsi qu'il l'avait prescrit par son testament, son cœur fut porté à Vienne en Dauphiné, et ses entrailles en Gallice, en Espagne, pour être ensevelies à l'église de Saint-Jacques. Il mourut à Melegnano, en 1402.

Il y a deux sacristies, *l'ancienne* et la *nouvelle*. Dans la première, on remarque entre autres un tableau de la forme des anciens diptiques, exécuté en dents d'hippopotame par *Bernard dei Ubbriachi*, de Florence; il est divisé en soixante-six petits compartiments où sont sculptées, en bas-reliefs, des scènes de l'Ancien et du Nouveau Testament, avec quatre-vingt-quatorze statuettes dans des niches.

La nouvelle sacristie forme une petite église à part, avec un autel très-riche. Le grand nombre de tableaux qui s'y trouvent, les éclatantes fresques du plafond et les belles sculptures en bois des armoires en font un véritable musée.

Des vitraux peints bien exécutés et de différentes époques ornent presque toutes les fenêtres.

Les dames sont admises dans les nefs de l'église, mais elles ne peuvent pénétrer au delà; cependant elles voient parfaitement à travers les grilles et les quatorze chapelles latérales et la plus grande partie du chœur. Lorsque les Chartreux y arrivent, ils marchent un à un, à pas lents et sans détourner les regards. Le sacristain offrit à nos dames une lorgnette pour qu'elles pussent distinguer leurs traits.

Près de l'église sont deux cloîtres; le plus grand a une cour de 125 sur 102 mètres d'étendue; tout autour s'élèvent 124 arcades ornées de statues et d'arabesques en terre cuite. Les cellules des Chartreux donnent sur ce cloître; chaque cellule se compose de deux pièces dallées et d'un bûcher; derrière est un petit jardin entouré de hauts murs; l'air y manque à la végétation, aussi ceux de ces jardins que j'ai vus sont-ils dans un triste état.

Le monastère est habité en ce moment par trente-deux Chartreux dont quatorze pères ou *donnés* et dix-huit *convers* ou servants. Il y a dix français parmi eux.

La règle sévère à laquelle ils sont soumis ne paraît cependant pas exercer d'influence fâcheuse sur leur santé; il y a du reste, nous a-t-on assuré, quelques tolérances à ce couvent, lesquelles n'existeraient pas autre part.

De la *Certosa* à *Pavia* on compte cinq milles. Cette ville a les rues étroites et tortueuses qu'on retrouve dans la plupart des cités italiennes. La cathédrale est un édifice inachevé et de styles très-divers. On y voit l'*Arca di S. Agostino* avec de riches sculptures de saints et des figures allégoriques; on vous y montre aussi la lance de Roland!

Le pont sur le Tessin est très-long et couvert; il est fortement bombé et entièrement dallé, ce qui en rend la traversée dangereuse pour les chevaux. On a de là une assez jolie vue sur les deux rives du fleuve.

Les bâtiments de l'Université sont vastes et bien entendus; l'enseignement y embrasse toutes les sciences. Le musée d'anatomie passe pour l'un des plus complets de l'Italie; celui d'histoire naturelle n'est pas grand, mais bien tenu, quoique un peu sombre. J'y ai remarqué un très-grand squelette de giraffe, un squelette d'éléphant, deux éléphants et un rhinocéros empaillés.

Le jardin botanique, situé à une assez grande distance de l'Université, a deux serres assez vastes dans lesquelles on conserve quelques belles plantes, entre autre un Caféyer qui porte des fruits. Je donne en note les noms des principales plantes que j'ai vues[1]. Mais ce qui par-dessus tout a captivé mon attention c'est un

---

[1] Un *Cycas revoluta* de toute beauté avec un tronc d'un mètre de haut; un énorme *Cycas circinalis;* des Palmiers, des *Zamia* et un beau choix de plantes grasses.

Parmi les arbres de pleine terre j'ai noté : *Diospyros Lotus (mas)*, très-grand arbre; *Acer heterophyllum*, d'Orient; *Gleditschia chinensis; Fraxinus lentiscifolia*, de la Syrie; *Sponia Andaresa*, de l'Amérique méridionale; *Broussonetia papyrifera*, du Japon; *Carya olivæformis*, de la Louisiane; *Cupressus pendula*, du Japon, et *sempervirens (fastigiata)*, de la Grèce; *Acacia Julibrissin*. Tous ces arbres sont déjà très-âgés. Parmi de plus jeunes plantations j'ai remarqué : *Juglans nigra* avec des fruits; *Maclura aurantiaca*, de la Louisiane, aussi avec fruits; *Morus torulosa*, de la Chine; *Rhamnus surinamensis.*

superbe *Magnolia grandiflora*, fort et fourni comme un vieux marronnier. C'est, dit-on, le plus beau qui existe dans l'Italie septentrionale.

Le jardinier en chef de l'*Orto botanico* est *M. Joseph Ulci*; il s'exprime assez bien en français et il m'a fait les honneurs de l'établissement avec une prévenance et une courtoisie parfaites.

Le climat de Pavie paraît être malsain, l'œil y est affligé par la vue de beaucoup de goîtreux; partout on est assailli de pauvres, de crétins et d'estropiés.

Autour de Pavie on voit en ce moment de nombreux ouvriers occupés à détruire les bastions en terre, garnis de palissades, que les Autrichiens avaient élevés et armés de canons pour la défense de la place; ils les ont abondonnés, comme tant d'autres, sans coup férir.

Grâce à la paresse de notre cocher nous ne sommes revenus à Milan que vers neuf heures du soir. Depuis l'on m'a raconté que de nuit la route n'est pas très-sûre. Si nous l'avions su, nous aurions pu croire que, de connivence avec des voleurs, il s'efforçait de nous attarder. Nous n'avons heureusement pas eu ce soupçon.

———

VI.

DE MILAN A TURIN ET A GÊNES.

(Du 10 au 13 octobre 1859).

Le 10 octobre il fallut quitter nos enfants. Les adieux furent douloureux. Ce n'est pas sans avoir le cœur brisé qu'une mère et qu'un père laissent loin d'eux, en pays étranger, ce qu'ils ont de plus cher au monde; ce n'est pas sans de bien vives émotions que des enfants se voient dans la nécessité de se séparer de parents qu'ils chérissent. Les larmes furent abondantes et elles coulaient encore lorsque le sifflet aigu de la locomotive vint nous arracher des bras les uns des autres.

Huit heures et demie venaient de sonner; le convoi nous entraina dans la direction de Turin; je dus reprendre mon petit rôle d'observateur et continuer mes notes.

Peu de temps après avoir quitté Milan, on passe non loin de la petite ville de *Rhô* et tout près s'élèvent les coupoles de l'église de la *Madonna di Miracoli*, lieu de pélerinages. Il y avait ce jour-là à Rhô des courses de chevaux qui avaient attiré beaucoup de monde ; le roi de Sardaigne s'y était aussi rendu.

Bientôt nous atteignîmes de nouveau *Magenta* où l'on voit encore plusieurs maisons criblées de traces de boulets et notamment la maison verte devant laquelle est tombé le général Espinasse. Le long du chemin de fer et de la route qui y est parallèle, sont de nombreuses tombes où reposent nos vaillants militaires victimes de la bataille du 4 juin. Toutes ces tombes sont surmontées de croix et elles sont l'objet de la vénération des habitants. Selon la coutume du pays, on les illumine dans les nuits qui précèdent des jours de fête.

Nous avions fait, en chemin, la connaissance du marquis de *Balbi de Piovera*, de Gènes, qui possède un palais de plaisance près d'Alexandrie [1]. Il me ra-

---

[1] La famille Balbi est l'une des plus anciennes familles de Gènes ; elle a fourni trois doges à la République ; une rue de Gènes porte son nom, et l'on va visiter la galerie de tableaux du palais Balbi à Gènes. Le marquis, notre compagnon de route, est un homme d'une belle figure ouverte ; il a les cheveux tout blancs quoiqu'il ne paraisse pas encore très-âgé ; il est d'une amabilité charmante et s'exprime fort bien en français.

Sa sœur, qui était avec lui, est la belle-mère de la comtesse de Castiglione, laquelle vit maintenant très-retirée à Turin.

Le général *La Rocca*, aide-de-camp du roi de Sardaigne, est neveu du marquis de Balbi.

conta qu'au moment où les Autrichiens commencèrent les hostilités il abandonna précipitamment son palais, sans rien emporter ; sa sœur avait laissé dans ses appartements de nombreux objets d'art et tous ces mille petits riens qui ornent un intérieur. Le palais fut plusieurs fois occupé militairement par des troupes françaises et notamment par le général de Castagny, avec des zouaves. A son retour, M. Balbi s'assura que nonseulement aucun objet n'avait disparu, mais que c'était à peine si quelque chose avait été dérangé. Le seul dégât qu'il remarqua étaient des traces de fumée sur le mur de la cour le long duquel les soldats avaient fait cuire leur soupe. Le marquis en sera quitte pour faire reblanchir son mur et il gardera le souvenir de la probité et de la délicatesse des militaires français[1].

Il nous quitta à Novare pour aller au Lac Majeur.

Cinquante minutes après la station de Novare nous passions la *Sesia* et nous arrivions à *Vercelli* d'où l'on a une vue délicieuse sur les Alpes. Le long de la route

[1] Le général de Castagny auquel je fis part, à mon retour à Strasbourg, de ce que m'avait dit M. Balbi, me répondit : « Le marquis se trompe, car j'ai emporté une très-bonne carte d'Italie, dont nous manquions alors encore et que j'ai trouvée dans sa bibliothèque. J'en ai prévenu son intendant, et je la trouve si bonne que, ma foi, je suis décidé à ne pas la rendre. »

on rencontre des rizières ; ce sont autant de petits carrés de terre marécageuse entourés de fossés remplis d'eau : l'on comprend combien les pays à rizières doivent être malsains. Près de ces cultures le mûrier disparaît ; il est remplacé par des saules et des trembles.

Verceil à 16,000 habitants ; c'est une ville bien bâtie, agréablement située et dominée par un joli château, ancienne résidence des ducs de Savoie. La cathédrale a un aspect très-original avec ses quatre tours carrées et massives, en pierres d'une teinte sombre.

Vers *Chivasso* on aperçoit, à gauche, les premiers contreforts des Apennins dont la vue est très-pittoresque. Ces hauteurs sont parsemées de villages, d'habitations isolées et de maisons de campagne. A droite, dans le lointain, on continue à voir les Alpes.

A une heure et quelques minutes le convoi s'arrêta à Turin. La station de Milan est située en dehors de la ville, tandis que celle du chemin de fer de Gênes est dans l'intérieur, sur la place *Carlo-Felice*.

Turin est sans contredit la plus belle ville de la haute Italie ; le coup d'œil en est imposant ; ses rues sont larges et tirées au cordeau, ses places vastes et régulières, les maisons bien bâties. Les environs sont variés et charmants ; un fleuve, le *Pô*, et une rivière, la *Dora*, animent le paysage; tout contribue donc à la beauté de cette capitale.

Parmi les rues il faut citer les *Strada del Re, nuova, Dora* et *Pó*, pourvues d'arcades larges et élevées, sous lesquelles s'abritent de beaux magasins et des cafés décorés avec luxe.

Les principales places s'appellent :

Piazza S. Carlo, avec la statue équestre d'Emmanuel-Philibert, dit la *Tête de fer*, mort en 1580; ce monument est de *Marochetti*.

Piazza Carlo-Felice, au milieu de laquelle est un bassin avec un jet d'eau d'une hauteur considérable.

Piazza Castello, au centre de laquelle est un ancien fort, avec une belle façade moderne. Il porte maintenant le nom de *Palais Madame* et contient la salle des séances du Sénat, la direction de la police, le musée de peinture et un observatoire. Devant la façade a été érigé un monument en marbre blanc, témoignage de sympathie des Milanais pour les Sardes[1]. Sur l'un des côtés de cette place est situé le palais du roi dont l'aspect extérieur est d'une grande simplicité.

---

[1] Ce monument qui représente un soldat sarde défendant son drapeau a été offert à l'armée sarde par les habitants de Milan, en mémoire de la campagne de Crimée; il n'a été inauguré que le printemps dernier.

Piazza Victor-Emanuele, d'une très-grande étendue, entourée d'arcades sur trois côtés; le quatrième aboutit au pont sur le Pô d'où l'on a une vue délicieuse sur les belles collines qui sont en face. Au bas de l'une de ces collines, vis-à-vis du pont est l'église de *Gran Madre di Dio*, construite sur le plan du Panthéon de Rome. Derrière cette église, mais à une certaine élévation, est le palais de plaisance de feu la reine. A gauche, sur une assez forte éminence, on voit un couvent de capucins, avec une belle église. A droite, à quelque distance, domine *La Superga*, sur une haute montagne : c'est le lieu de sépulture des souverains de la Sardaigne.

Piazza d'armi, entourée de rangées d'arbres sous lesquels se tient en été le *Corso*. On a de cette place une vue très-étendue sur le Mont-Cenis et la chaîne des Alpes.

Piazza della città, avec le monument d'Amédée VI, connu sous le nom de comte *Verde;* il délivra, en 1367, l'empereur Andronique Paléologue de la captivité où le retenait le roi des Bulgares, Stratimire.

Piazza Paesana, décorée d'un obélisque en l'honneur du ministre Siccardi, qui fut considéré par le plus grand nombre comme un réformateur, mais que l'Église appelle un ennemi.

Telle est la série des plus grandes places de Turin ; il en existe d'autres encore, qui concourent à l'embellissement et à l'aération de la ville.

Le pont sur la *Dora* est formé d'une seule arche de 49 mètres d'ouverture : c'est une fort belle œuvre d'architecture. La Dora baigne Turin à l'est et se jette dans le Pô tout près de la cité.

On nous a assuré que les églises n'ont, en général, rien de bien remarquable, et comme notre temps était très-limité, nous n'en avons visité aucune. Il faut cependant mentionner, comme monument très-original, l'église protestante récemment construite et située dans la belle rue Royale. Elle a été bâtie, en 1848, par *L. Fomento*, en style demi-gothique-lombardo-normand antique et moderne ; c'est un véritable galimatias d'architecture. Une école et un hôpital y sont annexés.

Le *Palais royal*, résidence du roi, construit en 1656, sous Charles-Emmanuel II, est fort riche intérieurement. A la grille d'entrée sont les statues de Castor et Pollux et des statues équestres en bronze, par Pradier. L'escalier du palais est large et grandiose ; il est orné de plusieurs œuvres d'art. Au bas est la statue équestre de Victor-Amédée Ier; le cheval est en marbre blanc, le personnage en bronze; elle est de *Frisio*; plus haut se trouvent les statues en marbre d'Esculape, de Minerve, de Diane chasseresse.

La salle des gardes est très-vaste; elle précède une série de salons richement décorés; toutes les portes sont dorées. Dans l'un de ces salons il y a une précieuse collection de vases en porcelaine de la Chine et du Japon. Le salon où fut signé le contrat de mariage de la princesse Clotilde et du prince Napoléon est tout d'or et de soie verte. La longue galerie qui sert de salle à manger dans les grandes occasions, est très-luxueuse; on y voit la suite des portraits des princes de la maison de Savoie.

Le roi habite ordinairement le deuxième étage du château et il ne descend au premier que pour les réceptions et les cérémonies.

La bibliothèque royale est très-riche; il y a une collection de dessins originaux dont plusieurs sont de Léonard de Vinci. Parmi les autres curiosités se trouvent un Nouveau Testament avec près de trois cents miniatures, des autographes de Napoléon Ier, du prince Eugène, d'Emmanuel-Philibert, etc.

L'aile gauche du palais est occupée en hiver par la duchesse de Gênes qui réside en été dans sa villa du Lac Majeur. Les appartements sont décorés avec luxe; je me rappelle surtout un boudoir dont les meubles sont en bois de rose, les tentures en soie bleue, les lustres au nombre de six et les ornements de la cheminée en porcelaine de Sèvres et bronze doré; puis un salon-serre fort ingénieusement disposé, quoique trop peu éclairé.

Dans l'aile droite est une curieuse *salle d'armes* qui m'a rappelé celle du *Zwinger* à Dresde. Douze chevaliers, tout armés, montés sur des chevaux empaillés, paraissent prêts à entrer en lice; d'autres chevaliers sont à pied. Les autres objets sont presque tous renfermés dans des armoires vitrées ou des verrières bien disposées. J'ai distingué la selle de Charles-Quint, une suite d'anciennes armes à feu parmi lesquelles se trouve une arquebuse en bois sculpté, de 1453, une autre en ivoire incrusté de pierres précieuses, de 1498; l'épée que portait Napoléon à la bataille de Marengo; un sabre du prince d'Eckmühl; celui de Constantin Paléologue, dernier empereur grec à Constantinople; l'armure complète du prince Philibert de Savoie; le sabre de Tippoo Sahib; de riches boucliers dont l'un est incrusté d'or et d'argent et qu'on attribue à *Benvenuto Cellini*; des poignards, des épées, des lances, des hallebardes en grand nombre; des médailles; une collection de modèles d'engins de guerre; des statues et des bustes en marbre.

A ce bâtiment sont attenants, d'un côté l'Académie militaire, de l'autre les Archives du royaume, les différents ministères, et enfin le Théâtre royal, voisin bien dangereux pour tant de précieuses collections.

Turin est très-peuplée; on y compte 150,000 habitants. Le commerce et l'industrie sont actifs; on fabrique des étoffes de soie, de la bonneterie estimée, de la ganterie, du chocolat qui a de la réputation, mais qui ne vaut pas mieux que celui qu'on fait à Paris.

A la différence de Milan, on vend à Turin beaucoup de bouquets disposés avec art.

Le climat est rude en hiver, plus encore que celui de Milan; il y fait souvent plus froid qu'en Alsace.

L'*Hôtel Feder* où nous étions descendus passe pour l'un des bons hôtels de Turin; nous y avons trouvé des chambres vastes, confortables et un service attentif; la table laisse peut-être à désirer. C'est là qu'on nous servit pour la première fois des *Grecini* faits en forme de baguettes minces et creuses, en pâte croquante, sans goût appréciable, et qu'on grignotte entre les mets : manière ingénieuse de vous faire oublier la lenteur du service. Les *Grecini*, qui sont assez répandus en Italie, doivent leur nom à un médecin qui est l'inventeur de cette pâtisserie insignifiante. Je n'ai pas vu qu'on lui ait encore érigé de statue ; la postérité reconnaissante ne peut manquer de réparer cette injustice.

Le 11 octobre, à neuf heures quarante minutes du matin, nous prenions le chemin de fer de Gênes. Un quart d'heure après nous passions devant *Moncalieri*, petite ville au-dessus de laquelle se trouve un vaste château royal situé sur une colline.

Après Moncalieri on perd de vue les Apennins ; des collines apparaissent bientôt à droite ; mais elles cessent près d'*Asti* où il n'y a plus que quelques hauteurs à gauche, couvertes de véritables vignobles (les seuls que j'aie vus en Italie). Le vin mousseux d'Asti, appelé *Nebbiolo*, jouit d'une certaine réputation. J'en avais gardé moi-même un excellent souvenir. Dans un voyage en Suisse, que je fis en 1840, j'appris en passant à Realp, petit village situé près du Saint-Gothard, que le curé vendait du vin d'Asti ; j'en achetai chez lui une bouteille qu'il me fit payer 3 fr. (on la vend 1 fr. 25 c. à Asti, et 1 fr. 50 à Milan). En arrivant au haut du col de la Furca, près des neiges éternelles, je le dégustai en famille ; nous le trouvâmes alors parfait. Depuis j'en ai goûté deux fois, et j'en fus moins émerveillé : c'est à notre Saint-Péray mousseux que je le comparerais le plus volontiers.

Asti est une ville assez importante, de 22,000 habitants ; elle est le lieu de naissance du poëte *Alfieri*. Au *Castelnuovo* d'Asti il y a une source sulfureuse froide qu'on dit être très-efficace contre certaines maladies.

Après avoir traversé une très-large vallée formée à quelque distance de là par des montagnes peu élevées, une vaste plaine s'étend devant vous, et l'on touche bientôt à la forteresse d'Alexandrie. Nous nous arrêtâmes à cette station tout juste deux heures après avoir quitté Turin.

Il n'entrait pas dans notre plan de visiter Alexandrie, qui n'offre que peu d'intérêt aux étrangers. Je me bornerai donc à dire que cette place a 36,000 habitants ; qu'on y remarque principalement l'*Arc de triomphe* bâti en 1768 sur le *Corso*, en l'honneur du roi Victor-Amédée ; les églises *S. Alessandro* et *S. Lorenzo*, le théâtre et le canal Charles-Albert.

A peu de distance d'Alexandrie le chemin de fer franchit la *Tanaro*, et l'on atteint bientôt la petite ville de *Novi*, pittoresquement assise au pied d'une montagne couverte de châtaigniers. Dix minutes plus loin, près de *Serravalle*, on entre dans une ravissante vallée des Apennins, et dont on ne sort plus jusqu'à Gênes. Cette vallée est traversée par la *Scriva* qu'on passe et repasse onze fois. On a dû vaincre de grandes difficultés pour construire le chemin de fer dans ce beau site; les tunnels taillés dans le roc se succèdent les uns aux autres; il y en a de très-longs, surtout celui qui vient après la station de *Busalla*; il a sept kilomètres, et on reste pendant huit minutes dans la plus profonde obscurité.

Avant la dernière station les terrassements ont été faits dans le lit même de la *Pulcivera*.

Partout, sur les montagnes, aux approches de Gênes, de nombreuses villas égaient le paysage; beaucoup d'entre elles sont couvertes de peintures auxquelles le bon goût n'a pas toujours présidé; quelques maisons ont des toits plats.

A *S. Pier d'Arena*, dernière station avant Gênes, on aperçoit la mer pour la première fois, mais un instant seulement, car on entre presque immédiatement dans un dernier tunnel. En sortant de ce tunnel le plus magnifique panorama qu'on puisse rêver se déroule à vos yeux enchantés.

Gênes est admirablement étagée en un amphithéâtre demi-circulaire, entre la mer et d'assez hautes montagnes; les forts qui couronnent les hauteurs dominant immédiatement la ville; les innombrables constructions de tous genres qui s'élèvent sur les pentes de ces hauteurs; le port, avec une grande quantité de navires divers; le golfe de Gênes se confondant à perte de vue avec la haute mer; tous ces détails forment un ensemble tel que la plume se refuse à le décrire.

En entrant dans Gênes on est frappé du mouvement et de l'activité qui règnent dans les rues étroites de cette importante cité commerciale : on a peine à se frayer un passage, et plus on approche du port et plus le tumulte augmente; ce sont des porte-faix, des matelots, des commissionnaires, des mulets, des chevaux, des camions, des baquets, de grosses voitures de charge, des omnibus qui encombrent les rues et les places. Le port disparaît derrière les amas de tonneaux, de caisses, de ballots de marchandises de toute nature, entassés sous de vastes hangars que dessert un chemin de fer spécial. C'est un tohu-bohu, un va-et-vient continuel, où les passants se coudoient et se heurtent pour courir à leurs affaires. A Gênes on ne pratique pas le *far niente* italien, tout le monde se meut et travaille.

Nous descendîmes encore à l'*Hôtel Feder*, l'ancien palais de l'Amirauté. Quatre-vingts marches en marbre noir conduisent au premier étage ; notre chambre, la seule disponible alors, était au troisième ; il fallait gravir cent trente-neuf marches, toujours en marbre noir, pour y arriver. Il est vrai que la fatigue de cette ascension est amplement récompensée par le ravissant spectacle dont on jouit des fenêtres : le port est à vos pieds et un vaste horizon délicieusement animé se présente à vos regards.

Il était près de deux heures lorsque nous étions entrés dans Gênes ; une heure après nous montions en voiture pour aller au grand phare, situé sur une forte éminence à l'entrée de droite du port[1].

Ce phare, dont la construction remonte à l'année 1002, et qui a été restauré en 1543 et en 1830, est très-élevé ; on arrive à la lanterne dont le feu s'aperçoit à 40 milles en mer, par 338 marches en marbre blanc poli. De la galerie supérieure, on a dans toutes les

[1] Plusieurs plantes méridionales croissent spontanément sur les rochers environnants, entre autres le *Cineraria maritima* au feuillage d'un vert blanchâtre.

directions une vue des plus étendues, des plus variées, des plus ravissantes. Dans le port et au milieu de nombreuses embarcations de commerce et de pêcheurs se balançait majestueusement une frégate russe, mise à la disposition de l'impératrice douairière de Russie, qui devait arriver dans quelques jours pour se rendre à Nice. Hors du port, au large, étaient deux bricks à voile suédois, qui attendaient depuis quelques jours déjà une brise favorable pour s'éloigner.

Derrière le phare, sur une élévation plus considérable encore, ou a construit récemment de vastes casernes, occupées en ce moment par des troupes françaises. On continue à faire de grands travaux de défense de ce côté de Gênes.

Du phare nous allâmes visiter la cathédrale *S. Lorenzo;* cette basilique. du moyen âge, est toute en marbre blanc et noir, formant des bandes transversales alternantes; on la dirait faite avec un grand jeu de dominos. L'intérieur se compose de trois nefs; la colonnade du milieu est, comme l'extérieur du monument, en marbre blanc et noir. De nombreuses œuvres d'art ornent cette église. Au plafond du chœur il y a une fresque qui date de trois siècles; elle représente le martyre de saint Laurent, par *Taverone.* Onze statues en marbre blanc, dont quelques-unes sont entièrement dorées, entourent le haut du chœur. Le maître-autel est surmonté d'une vierge en bronze; au-dessous est un sarcophage avec des bas-reliefs de 1300, représentant des épisodes de la vie de saint Jean-Baptiste. Au milieu du chœur est suspendue une lampe en argent massif, qui a été offerte par la ville et qu'elle fait allumer tous les matins.

Parmi les tableaux qui décorent la nef de gauche, on voit un beau *Christ* de Van Dyk. Au fond de cette nef est la chapelle de la Vierge, avec un tableau de la *Vierge orientale,* supporté par deux anges sculptés en marbre blanc. La chapelle de Saint-Jean, qui est dans la nef de droite, est richement dotée de sculptures en marbre et de statues, notamment celles d'Adam, d'Ève, du prophète Zacharie, etc. Quatre colonnes en porphyre entourent l'autel dans lequel se trouve un reliquaire appelé *Cassone S. Giovanni-Battista;* ce reliquaire est en argent, et date de 1437; on l'attribue à *Danielo di Terrano,* il renferme, dit-on, les cendres de saint Jean. Outre ce reliquaire, il y a le tombeau de saint Jean, rapporté de la Palestine en 1100; ce tombeau est entouré de la chaîne avec laquelle le martyr a été attaché en prison!! Pour voir ces curiosités, il faut aller derrière l'autel; mais les hommes

seuls y sont admis; en vertu d'une bulle du pape In-
nocent VIII, il est interdit aux femmes de les contempler : elles portent la peine de leur sexe, car c'est
une femme, la fille d'Hérode, qui a demandé la tête
de saint Jean.

Une autre curiosité existe dans la sacristie, le *Sagro
Catino*, qu'on prétend avoir été apporté de Césarée à
Gênes, en 1101; c'est le calice qu'on prétend avoir
servi à Jésus-Christ, lors de l'institution de la Sainte-
Cène. Il est orné d'une grosse pierre verte qu'on disait
une émeraude, mais qui a été reconnue depuis être du
cristal coloré. Jadis cet objet était renfermé dans une
caisse en fer dont le doge seul avait la clef; on ne l'exposait qu'une fois par an, avec grande pompe, aux
regards du peuple. Il y avait peine de mort pour qui
toucherait la pierre précieuse avec un corps dur.

Quelques mausolées se trouvent encore dans cette
église, tels que ceux de la famille *Frischi* et de l'évêque
George d'Ostia, de 1461.

La promenade publique s'appelle *Aqua sola;* elle est
située sur une hauteur; tout près dans un bas-fond
on voit les douze palais qu'a fait bâtir, par spécula-
tion, le comte *Serra*. Cette promenade est bien plantée; les chênes verts, au triste feuillage, les acacias

boules et julibrissin, les lauriers roses et quelques conifères y sont en majorité.

De là on monte encore et on arrive à l'église de *S. Maria di Carignano* ayant une grande coupole et deux tours. L'intérieur de cet édifice, tout en marbre blanc, est décoré par plusieurs statues colossales de Puget, *David de Borgogni* et *Philippe Parodi*. Sur le maître-autel il y a des candélabres en bronze de *Benvenuto Cellini*. Parmi les tableaux, du reste peu nombreux, j'ai remarqué une *Descente de Croix* de *Cambias*, la *Peste en Corse* par *Sansia*, *Saint-François-d'Assise* par *Gorcino* de Bologne, une *Sainte-Famille* par *Procacino*, et *Saint-Pierre guérissant le paralytique* par *Dominico Piola*.

De la galerie qui entoure la coupole on a une de ces vues merveilleuses qui frappent l'imagination au plus haut degré. L'église de Carignan est située en face du phare, de l'autre côté du port; on domine ainsi la contrée dans l'autre sens : après le panorama entier de Gênes, l'œil plane sur Saint-Pierre-d'Arena, sur les innombrables villas éparses aux flancs des montagnes, sur une partie de la fameuse route de la Corniche; à gauche la haute mer dans laquelle on découvre, par un temps bien clair, les côtes de la Corse; plus à gauche encore la riche vallée de *San-Fruttuoso*.

Revenant sur nos pas, par la promenade et les *Strada nuovissima* et *nuova*, nous avons passé devant le théâtre *Carlo Felice*, l'un des plus vastes de l'Italie, bâti en 1828. N'ayant pas eu occasion de le voir intérieurement, j'en emprunte la courte description suivante au récit qu'un officier français vient d'en publier dans la *Vie moderne* [1].

« L'extérieur n'a rien de monumental ni d'élégant. Il est même assez laid. La salle est fort grande, la scène immense. Mais cette salle à peine éclairée par un lustre pâle, peinte en gris, d'une décoration mesquine, avec toutes ses petites loges qui semblent autant de boîtes, où les spectateurs sont emprisonnés jusqu'au cou, a un aspect triste et d'une monotonie glaciale. Les stalles d'orchestre, à dossier de bois, sont en crin et on y est fort mal assis. Pour y arriver, il faut passer par un couloir étroit, à murs recouverts de plâtre humide, froid, obscur, dont l'entrée seule était éclairée. En cherchant à tâtons on finit par trouver à l'extrémité une mauvaise porte en toile sale. Vous tirez cette porte et vous êtes aux stalles d'orchestre. Je me sens froid quand je songe à ce théâtre. »

Il paraît que la salle de spectacle appelée *Paganini* est plus élégante.

<hr>

[1] Numéro du 8 décembre 1859.

L'église de *S. Annunziata* est la merveille de Gênes. Construite vers le milieu du dix-septième siècle, aux frais de la famille *Lomellini*, elle a trois coupoles. La façade, sauf le péristyle en marbre blanc et qui paraît neuf, a l'air de tomber en ruine, mais l'intérieur est d'une richesse inouïe. Il y a trois nefs; les colonnes sont en marbre blanc et entièrement cannelées; le plafond voûté est peint à fresque avec des encadrements dorés somptueux et brillants de fraîcheur. Le maître-autel et les chapelles latérales sont décorés avec beaucoup de luxe.

Cette église est desservie par des capucins. Quelques-uns des fidèles qui faisaient leurs prières avaient pris des poses d'une nonchalance bien peu convenable dans un lieu saint. En général, j'ai été souvent choqué du peu de dignité qu'on observe dans les églises en Italie. On les considère trop souvent comme des lieux de passage, et, sans égard même pour les offices qui se célèbrent, les conversations s'y font à haute voix. C'est un laisser-aller qu'on ne voit pas autre part.

La nuit était arrivée; nous rentrâmes à l'hôtel pour dîner, et vers neuf heures, après avoir parcouru quelques journaux français au salon de lecture de l'hôtel, nous allâmes prendre des glaces au café de la *Concor-*

dia. Ce café-restaurant, le meilleur de Gênes, est dans la *Strada nuova.* On monte un escalier donnant sur la rue et on entre dans un petit jardin planté d'orangers et de lauriers. Un jet d'eau est au milieu, et tout autour s'ouvrent les salons du restaurant.

Le lendemain, après une suite de journées d'une chaleur accablante, le temps était devenu pluvieux; il ne nous empêcha cependant pas d'aller en voiture au célèbre jardin *Pallavicini,* situé à *Pegli,* à deux lieues de Gênes. Tous les étrangers sont admis à visiter ce domaine dont les Gênois vantent les beautés; mais il faut se munir d'une permission qu'on vous délivre sans frais, sur la simple vue du passe-port, au palais du marquis Pallavicini, *Strada Carlo-Felice,* n° 327.

Le chemin qui conduit à Pegli est le commencement de la route de la Corniche; on passe par plusieurs villes et villages dont je reparlerai plus tard. Sur les hauteurs qu'on côtoie il y a une série de palais de plaisance et de maisons de campagne entourés d'orangers, de citronniers, de cédrats, de figuiers, de pins parasols, etc.

On monte au palais Pallavicini par une longue avenue en pente douce, fraîchement plantée. Le palais n'est pas grand, mais fort gracieux; il est tout en marbre blanc, ainsi qu'une terrasse d'où la vue sur la mer et les contrées environnantes est admirable. Le jardin a deux lieues de tour et comprend tout le revers méridional d'une assez grande montagne. La partie inférieure est convertie en un vaste fruitier où l'on cultive principalement la vigne, le pêcher, l'abricotier, l'amandier, l'oranger, le citronnier, le figuier et le cerisier. Tout le reste forme un parc dans lequel il y a presque exclusivement des arbres et des plantes à feuilles persistantes, tels que chênes verts, lauriers, conifères, camellias, azalées des Indes, etc. J'ai remarqué quelques arbres hors ligne, ainsi un *Araucaria brasiliensis* très-fort et bien fourni; un énorme *Laurus Camphora*, l'*Arbutus Andrachne* au bois d'un jaune brillant.

Je ne décrirai pas en détail ce jardin où l'on a prodigué en constructions, en grottes, en pièces d'eau, etc., tout ce que l'imagination la plus fantastique peut rêver de gracieux, d'original, de fastueux et même de burlesque; mais je dois avouer que sauf la situation, les plantations et un petit nombre d'objets intéressants, l'ensemble ne vaut pas sa réputation et qu'il m'a fait l'effet d'un grand joujou pour lequel on a dépensé des sommes immenses qui auraient pu avoir une destination plus heureuse[1].

[1] Presqu'au faîte de la montagne se trouve une tour et vis-

« On ne parle jamais de Gênes, dit l'officier français que j'ai déjà cité, sans vanter ses palais de marbre. Je ne trouve pas pour moi, sauf deux ou trois exceptions, ce qu'ont de si beau ces palais. Des maisons tristes, d'une architecture nulle, sans style, sans caractère; devront-elles être jugées belles par cela seul qu'elles sont en marbre? Cela ne prouve qu'une chose, à mon sens, c'est qu'à Gênes la pierre est plus chère que le marbre. Il n'y a pas là de si grand sujet d'admiration. Quand les maisons ne sont pas en marbre, elles sont construites en petits galets noirâtres, recouverts d'un

à-vis un château en ruines; tout est dévasté dans les environs et indique qu'une bataille acharnée y a eu lieu; le long des allées, à droite, à gauche, sont épars une foule de débris : statues brisées, blocs de marbre, chapiteaux sans fûts, etc. Et lorsqu'on interroge le guide sur le fait d'armes qui s'est passé là, lorsqu'on lui demande si les combattants occupaient la tour et le château, il vous répond : *Si signor, ma non e vero, e una immaginazione del patrone.* — On reste stupéfait! tout cela est un caprice de l'imagination du maître!

Plus loin, on rencontre un mausolée, des tombes. On s'informe naturellement si ce sont des membres de la famille Pallavicini qu'une pieuse pensée a fait ensevelir là; l'imperturbable guide vous répond encore : *Ma non e vero*, et il vous explique que ce mausolée est dédié au général qui est mort en prenant la tour, que les autres tombes sont celles des soldats tués dans la bataille... imaginaire. — Et c'est pour de pareilles balivernes qu'on a dépensé des millions!!!

enduit sur lequel sont peints toutes sortes d'ornements, des statues, de fausses fenêtres avec des personnages qui regardent dans la rue. »

Cette appréciation m'a paru assez juste et je m'y associe. Cependant, comme le dit l'auteur, il y a des exceptions ; dans ce nombre sont les palais du marquis *Balbi di Piovera* et du duc *Marcello Durazzo* ; nous visitâmes les deux.

L'entrée du premier est en forme de vestibule avec des colonnes ; au fond il y a un petit jardin planté d'orangers qui étaient couverts de fruits. Le premier étage, très-élevé, renferme, dans une de ses parties, une galerie de tableaux très-remarquable. Voici les sujets des principales toiles : *Portrait* d'un membre de la famille Balbi, *Portrait* de l'empereur Philippe, deux tableaux de famille, une *Madonne* avec l'enfant Jésus, tous les cinq de Van-Dyk ; un *Saint-Jérôme*, une *Madonne*, un *Portrait*, une *Sainte-Catherine* du Titien ; l'*Enfant Jésus* et *Saint-Jean* avec un agneau et un *Portrait* par Rubens ; un *Saint-Jérôme* par *Guido Reni* ; le *Mariage de sainte Catherine* par le Corrège ; un *Portrait d'homme* par *Holbein* ; une *Sainte-Cène* par Paul Véronèse.

Le palais *Durazzo* a une entrée splendide ; après un

portique et un vestibule très-large on passe dans une cour close entourée de colonnes supportant des arcades ; un somptueux escalier en deux parties mène au premier étage. Le tout est en marbre blanc de la plus grande fraîcheur. La collection de tableaux est très-précieuse ; les œuvres des grands maîtres y abondent. Nous nous arrêtâmes devant un *Noli me tangere* et un *Saint-Sébastien* du Dominicain ; trois belles toiles représentant *des enfants*, la comtesse *Durazzo* avec deux enfants, par Van Dyk ; le portrait de *Van Dyk* peint par lui-même ; *Philippe II* et huit petits tableaux de genre par Rubens et aussi son portrait peint par lui-même ; un *Sacrifice à Vénus* et une *Sainte-Madeleine* du Titien ; la *Flagellation du Christ* par le Carrache ; l'*Enfant Jésus endormi* et la *Charité romaine* par Guido Reni, et beaucoup d'autres que nous dûmes passer. Les salons sont en outre garnis d'une foule d'objets d'art divers, parmi lesquels je mentionnerai deux grands vases en argent ciselés par *Benvenuto Cellini*, et les mains de la jeune duchesse de Durazzo, sculptées en marbre de Carrare : deux fort jolies mains en vérité[1].

[1] La duchesse de Durazzo est la fille unique du comte Pallavicini ; elle n'a elle-même qu'un fils de douze ans. C'est sur la tête de cet enfant que s'accumulera un jour la fortune immense de deux des plus riches familles génoises.

Nous étions à peine rentrés à l'hôtel qu'un orage formidable vint à éclater; il était accompagné d'une pluie torrentielle et même de grêle; mais il ne dura pas, et moins de deux heures après nous pûmes visiter quelques-uns des magasins de la *Strada dei Orefici* (rue des Orfèvres). De charmants ouvrages en filigrane d'argent se font à Gênes; il y en a de prix très-élevés; nous fîmes quelques emplettes chez Émile Forte (au n° 155), qui a l'un des magasins les mieux assortis. Dans la même rue, au n° 1, se trouve, chez la veuve Romengo, le premier dépôt des fruits confits si réputés de Gênes, et dont le prix ne dépasse pas 1 fr. 80 c. la livre. Nous en adressâmes un envoi à nos enfants à Milan, comme nous leur avions fait parvenir du chocolat de Turin.

Le peu de temps qu'il nous était donné de rester à Gênes, nous l'avons employé, comme on l'a vu, à visiter ses monuments les plus importants. Je n'ai donc eu guère de loisirs pour observer quelques détails de mœurs. Nous avons seulement pu remarquer que les femmes portent le voile comme à Milan; mais au lieu d'être noir, il est toujours blanc, d'ordinaire très-simple; il s'appelle le *pezzuolo*.

Les hommes de la campagne se coiffent souvent du

bonnet rouge phrygien et jettent négligemment sur l'épaule une veste d'étoffe brune ; ils ne se distinguent pas par la propreté. La plupart d'entre eux sont pêcheurs. Cependant la culture maraîchère n'est pas négligée aux environs de Gênes ; outre les fruits que j'ai déjà mentionnés, on voit de vastes champs de tomates, d'asperges, d'artichauts, de deux espèces de choux appelés *Brocoli* et *Taroli*, plusieurs variétés de courges, etc.

Nous quittâmes Gênes le lendemain matin, fort satisfaits du séjour que nous y avions fait et des beaux souvenirs que nous en emportions.

———

VII.

DE GÊNES A NICE.

(Du 13 au 15 octobre 1859.)

Il y a deux manières d'aller de Gênes à Nice, par mer ou par terre; la première est la plus courte, la seconde la plus intéressante; j'optai pour cette dernière.

J'aurais voulu louer une voiture et parcourir à petites journées la fameuse route de la Corniche, afin de pouvoir l'étudier à mon aise; mais on m'objecta à Gênes qu'il faudrait mettre trois ou quatre jours pour faire le trajet, que les gîtes sont très-mauvais, que d'autres inconvénients pourraient encore surgir, et qu'il vaudrait beaucoup mieux prendre place dans la malle-poste, qui fait en vingt-six heures le chemin, dont la longueur est de 210 kilomètres.

Je me décidai donc, quoique à regret, à recourir à ce moyen de transport.

Avant de monter en voiture, nous eûmes le temps de visiter encore un marché aux fruits où l'on ne débitait guère que des poires et des pommes; la saison des figues, des pêches et des raisins était passée, celle des oranges ne venait que plus tard.

De nombreux ouvriers étaient occupés sur la place de l'Annonciade et dans la rue Balbi à élever un arc de triomphe, à faire des préparatifs d'illumination pour l'arrivée du roi de Sardaigne qu'on attendait dans deux jours : il devait accompagner l'impératrice douairière de Russie.

La cloche de sept heures nous appela à monter dans notre véhicule : nous avions eu la chance d'avoir deux places dans le coupé; la troisième ne fut occupée que jusqu'à Savone par un ecclésiastique. Dans l'intérieur, à quatre places seulement, étaient un autre ecclésiastique, deux vieilles Anglaises horriblement laides et un jeune Anglais assez beau garçon. Le service est fait par les Messageries impériales de France. Cinq forts chevaux nous entraînèrent. Le temps s'était remis tout à fait au beau.

En longeant le quai *S. Tomaso*, nous pûmes contempler une dernière fois la ville et le port de Gênes dans toute leur splendeur.

On traverse ensuite la partie basse de *S. Pier d'A-rena;* ce faubourg considérable a 20,000 habitants; il y a une active industrie consistant principalement en manufactures et en fonderies de fer.

Au delà de Saint-Pierre-d'Arena la route s'étend d'abord entre les deux chemins de fer de Turin et de Voltri, puis elle rejoint les bords de la mer.

Dans ces parages commence la série des villas entourées de parcs et de jardins plantés d'orangers, de citronniers, de lauriers, de figuiers, de pêchers, de vignes. La pluie de la veille leur avait donné un air de fraîcheur fort rare dans cette saison. Partout on aperçoit de ces charmants pavillons, sur les hauteurs, dans les vallons ; tout est habité, tout est cultivé : le coup d'œil est ravissant et il dure pendant plusieurs lieues. Ici c'est la maison de campagne où a séjourné la duchesse d'Orléans ; là sont les villas des Doria, des Spinola, des Durazzo, des Lomellini, de presque toutes les grandes familles de Gènes. Quelques étrangers ont aussi établi dans ce beau pays le siége de leurs loisirs ; on nous a cité entre autres M. Hagermann, banquier à Paris.

Le village de *Cornigliano* a 2800 habitants et est situé sur la rivière de *Polcevera* ; un pont la traverse. Plus loin il n'y a plus de ponts pour passer les nom-

breux torrents qui viennent des montagnes se précipi-
ter dans la mer. Ces torrents sont quelquefois tellement impétueux qu'ils entraînent tout dans leurs flots,
et de peur qu'ils ne détruisent les ponts, on s'est abs-
tenu d'en faire; on ne craint pas d'exposer la vie des
voyageurs, mais on a grand soin de cacher autant que
possible les accidents qui arrivent dans ces passages
dangereux[1]. Peut-être un chemin de fer rendra-t-il un
jour la distance plus courte et donnera-t-il plus de sécurité à la circulation. Déjà il est question de continuer celui de Voltri jusqu'à Savone.

Nous fîmes heureusement le trajet après plusieurs
mois de sécheresse, et deux fois seulement nous eûmes
à traverser de l'eau.

Sestri di Ponente est une ville de 6000 habitants, où
il y a d'importants chantiers de constructions navales.

A huit heures et demie nous arrivions à *Voltri*, dont
les 8000 habitants sont presque tous pêcheurs ou
constructeurs de navires.

De là à *Pegli*, où nous nous étions arrêtés la veille

---

[1] M. Alphonse Karr nous a raconté à Nice que l'année dernière une voiture contenant quatre Anglais a été entraînée dans
la mer et que tous les quatre ont péri.

pour visiter la propriété Pallavicini, il n'y a guère qu'une demi-lieue. Plusieurs fabriques de drap donnent de l'activité à cette petite ville de 4000 habitants.

Entre Voltri et Pegli je vis les premières haies d'Aloès (*Agave americana*). Cette plante grasse, si répandue sur tout le littoral de la Méditerrannée, n'y a cependant pas été originairement sauvage; elle a été introduite de l'Amérique centrale, sa première patrie; mais elle se propage avec tant de facilité sous le climat méridional que dans l'Algérie, en Sicile et dans le sud de l'Espagne elle semble être indigène.

Qu'il me soit permis, en passant, de relever au sujet de cette plante une erreur encore trop accréditée: beaucoup de personnes croient qu'elle ne fleurit qu'au bout de cent ans. La vérité est que l'Agavé américaine produit sa hampe florale à l'âge de 20 à 30 ans, puis elle meurt, comme presque tous les Agavés dont la fleur sort du cœur de la plante; mais avant de mourir elle donne de nombreux rejetons qui propagent l'espèce.

La végétation sur les hautes montagnes de la route de la Corniche n'est pas très-variée en fait d'arbres; elle se borne à peu près à des genévriers, des pins d'Alep et des pins pignons ou pins parasols. Beaucoup de montagnes sont arides et très-pierreuses; d'énormes rochers opposaient souvent de grandes difficultés à l'établissement du chemin qui, pendant près de cinquante lieues, ne quitte pas les bords de la mer, en suivant toutes ses sinuosités, tantôt presque à fleur d'eau, tantôt à des hauteurs redoutables. La route, en elle-même, est très-peu large; il serait parfois impossible à deux voitures de passer de front.

Les villages ne sont, en général, composés que d'une longue rue, toujours très-étroite; le terrain est d'ordinaire si resserré entre les montagnes et la mer, qu'on ne pourrait pas établir de rues latérales. Quelquefois cependant, surtout à l'embouchure des torrents, de jolies vallées s'ouvrent à droite et varient le paysage d'une manière charmante.

L'innombrable quantité de côtes, dont quelques-unes sont très-longues et très-raides; les tunnels taillés dans le roc; les escarpements réunis par des constructions hardies; l'absence trop fréquente de murs ou de garde-corps; la vue constante de la mer, dont les vagues incessantes s'enroulent lentement avec un sourd mugissement sur les plages unies ou se brisent avec fracas contre des rochers; toutes ces circonstances rendent cette route l'une des plus pittoresques, mais aussi des plus dangereuses, qu'on puisse se figurer.

Les descentes sont quelquefois si rapides qu'il faut employer les plus grandes précautions pour prévenir des accidents dont les conséquences pourraient devenir terribles. Ainsi, outre la mécanique ordinaire à enrayer, on mettait à l'une des roues de derrière de notre voiture un sabot solide, et à l'autre roue une chaîne; mais alors aussi les postillons lançaient leurs chevaux au grand galop. On n'admet, au surplus, sur cette route, que des postillons de choix, car de leur habileté peut dépendre la vie des voyageurs; encore faut-il que la voiture soit très-solide, que les chevaux soient forts et dociles. Le courrier qui ce jour-là était avec nous me dit que la première fois qu'il fit ce voyage il était sur le point de donner sa démission, tellement il l'avait trouvé périlleux. « Mais on se fait à tout, ajouta-t-il, et cependant je ne garderai pas long-temps ce service. »

D'un autre côté, on est obligé de convenir que si l'on est exposé à des dangers, il y a compensation par les jouissances que procure la magnificence du spectacle qu'on ne cesse pas un instant d'avoir sous les yeux : c'est la nature dans ce qu'elle a de plus grandiose et de plus imposant, de plus sévère et de plus gracieux.

Arenzano est l'endroit le plus important qu'on rencontre après Voltri; puis on arrive à *Cogoletto*, qui est considéré comme lieu natal de Christophe Colomb; il n'y a cependant aucune certitude à cet égard. Ce qui fait la prospérité de ce village, ce sont ses fonderies de fer.

Une belle vallée s'ouvre après Cogoletto; la route passe sur des ponts hardis réunissant de sauvages escarpements. Çà et là on voit des Figuiers de Barbarie (*Opuntia vulgaris*) étaler leurs feuilles ovales et charnues, mais dangereuses au toucher. Comme l'Aloès, cette plante a été importée en Europe et en Afrique des Indes-Occidentales.

Après avoir franchi une assez haute montagne, on voit à ses pieds le village de *Baraso*.

A onze heures et quart nous entrions dans la petite ville de *Celle*, dont la rue est étroite au point que les habitants qui se tenaient devant leurs portes furent obligés de se retirer pour ne pas être atteints par notre voiture. Des balcons passant d'une maison à l'autre, par-dessus cette ruelle, en augmentent encore l'obscurité.

Vingt-cinq minutes après nous arrivions à *Albisso* et enfin à *Savona,* où nous attendait le déjeuner. Les environs de cette ville sont très-beaux; de nombreuses villas émaillent le revers des montagnes; la route, très-étroite, est souvent taillée dans le roc; la végétation est de plus en plus méridionale; les orangers, les citronniers, les oliviers prennent des proportions plus fortes; les pêchers, la vigne sont bien cultivés.

Le prêtre, qui devait nous quitter dans cette ville, où il avait été longtemps curé, me donna quelques renseignements sur le produit des cultures des environs. Il m'assura qu'un peu plus loin, à *S. Remo,* il y a des orangers qui se couvrent de près de 12,000 oranges, des oliviers qui fournissent jusqu'à un hectolitre d'huile par arbre. Le mille de grosses oranges se vend sur place 14 à 15 fr.; le mille de citrons, 50 à 60 fr. Les petites oranges, dites *Chinois,* se paient 2 à 3 fr. le kilogramme. Les olives restent petites et ne servent qu'à faire de l'huile; celles qu'on mange proviennent d'une variété d'olivier nain, qu'on cultive en Provence et en Espagne.

Savone est pourvue d'un joli port défendu par un
fort ; c'est une ville d'industrie : on y construit des bateaux, on y fait beaucoup de poterie, il y a des fabriques de drap. Le commerce des fleurs et des fruits
y est très-actif. — Sur l'une des tours du port est une
Madonne colossale avec cette inscription :

> In mari irato, in subita procella,
> Invoco te, nostra benigna stella !
> (Contre la mer irritée, contre la tempête subite, je t'invoque,
> toi notre bonne étoile).

Au milieu de la ville s'élève un rocher dans lequel
on a taillé une galerie. La salle de spectacle a une
belle façade en marbre blanc, avec les statues d'Alfieri
et de Goldoni. Un vaste hôpital est établi à Savone.
Le nombre des habitants est de 16,000.

On nous servit à notre déjeuner un plat de cham-
pignons à l'huile, dont le goût nous parut assez
agréable. Nos Anglaises en furent moins friandes, mais
elles se dédommagèrent sur deux poulets rôtis.

La demi-heure de halte qui nous avait été accordée
était passée, il fallut remonter en voiture.

Après Savone le chemin devient de plus en plus
sauvage et pittoresque ; les rochers de marbre, les

précipices, les abîmes, les tournants se succèdent sans interruption.

A environ une lieue de Savone des forts commandent la mer. Au pied du second de ces forts on a un point de vue exceptionnel et qui mérite un temps d'arrêt : d'un côté, c'est toujours la pleine mer que sillonnent des barques de pêcheurs et des voiles de grands navires. De l'autre côté, on a Savone à ses pieds, puis la longue chaîne des Apennins, et au fond encore le splendide amphithéâtre de Gênes, que borne à l'horizon le *Porto Fino.*

Peu après on atteint le col de *Bergeggi*, au-dessous duquel est une magnifique grotte de stalactite de niveau avec la mer. Du haut de ce col et du bord d'un effroyable abîme qui plonge à pic dans la mer on découvre, non loin du rivage, une petite île inhabitée et de forme pyramidale. Au-dessus de vous se succèdent plusieurs ruines dont je n'ai pas pu savoir l'origine.

D'énormes pieds d'Aloès apparaissent de distance en distance sur les rochers ; des pins parasols couvrent le faîte des montagnes et se mêlent aux pins d'Alep ; dans le bas croissent de très-grands mûriers.

A deux heures et demie nous touchions à *Noli*, petite ville entourée d'anciennes murailles avec des tours. Avant et après Noli le flanc des montagnes est disposé en terrasses exclusivement plantées d'oliviers.

Au sortir de la ville on monte de nouveau; la route est bientôt très-élevée et traverse une galerie taillée dans le roc; d'affreux précipices surplombent la mer, qui, par suite d'un effet de lumière, nous a paru bleu outremer près des bords et au loin d'une teinte bleu foncé.

On passe par une nouvelle galerie avant d'atteindre *Finale-Marina*, ville jadis fortifiée et qui a une belle église de style Louis XV; la façade en est peinte en chamois et en vert. Pendant que nous changions de chevaux, nous fûmes assaillis par une nuée de mendiants à l'impétuosité desquels on se soustrait avec peine, car plus on donne et plus le nombre en augmente. — Dans les grandes villes du Piémont on ne connaît pas ce fléau, la mendicité y est sévèrement défendue.

A Finale on ne fait que traverser une très-jolie vallée, pour remonter immédiatement et entrer dans une série de rochers d'une hauteur prodigieuse; sur l'un d'eux se trouve une tour ruinée. La route est en partie taillée dans ces rochers et en partie faite aux dépens de la mer, sur de la maçonnerie dont les fondations plongent dans l'eau. Mais bientôt la nature devient plus riante, des tamaris bordent le chemin.

A quatre heures nous arrivions à *Pietra*, et un quart d'heure après à *Laono*, petite ville très-peuplée. La rue qui la compose est fort longue et fort étroite. Les habitants n'en font pas moins une partie de leur ménage dans cette rue, et, pour que nous puissions passer, ils furent obligés, comme à Celle, de tout enlever et de rentrer dans leurs maisons, au risque de se faire écraser.

Dans toutes les villes, sur cette route, la rue principale est dallée sur une largeur d'environ deux mètres; mais ce qui m'a frappé à Loano, c'est qu'outre ce dallage il y a des trottoirs d'à peu près quarante centimètres de large, et ces trottoirs sont pavés en cailloux pointus ! C'est l'inverse de ce qui se fait autre part : il est vrai que les escarpins de ce pays sont de gros sabots.

Loano est dans une vallée très-large et très-bien cultivée; il y a des prairies naturelles et artificielles, des champs de maïs, de haricots, de tavolis, d'artichauts, de nombreux vergers d'oliviers. On plante aussi dans toutes ces contrées l'*Arundo Donax*, grande graminée qui, par son usage, remplace le sorgho du Milanais; ses feuilles servent aussi de fourrage et ses tiges pour palisser; dans les terrains bien abrités elle atteint une hauteur de 5 à 6 mètres.

Vers cinq heures nous approchions de la ville d'*Albenga*, assise à l'entrée de la belle vallée qui porte le même nom et que traverse la *Centa*. Tout près de là se trouve *Lusignano*, pays délicieux que Mme de Genlis a longtemps habité.

Peu avant Albenga est un pont en ruines dont la construction remonte aux temps anciens. Une belle avenue de quatre rangées d'arbres conduit à la ville; mais dès qu'on pénètre dans ses murs l'aspect change : ce sont des rues étroites, obscures, malpropres et malsaines.

Albenga était en 1794 le centre des opérations militaires françaises; en 1796, Bonaparte y avait établi son quartier-général.

Tout près est une petite île ayant une tour sur une élévation. On dit qu'elle a été habitée par saint Martin de Tours.

Aux approches d'Albenga la route s'était enfoncée dans les terres, on cheminait en pleine sécurité; mais à peine a-t-on quitté les environs de cette ville qu'on se rapproche des rives escarpées de la mer, on retrouve les rochers, les précipices et leurs dangers, auxquels il faut bien que le voyageur s'accoutume bon gré mal gré.

Lorsque nous atteignimes *Alassio,* il était cinq heures trois quarts, la nuit commençait à nous surprendre; cependant je pus encore distinguer dans les jardins quelques dattiers, qui toutefois ne sont que des arbres d'ornement, car leurs fruits ne mûrissent pas complétement.

Les habitants d'Alassio sont des pêcheurs par excellence; ils fournissent en marée fraîche une grande partie du Piémont.

Nous avons vu faire la pêche. Deux barques prennent le large avec un filet d'une immense étendue; arrivés dans la haute mer, les pêcheurs qui montent ces barques jettent le filet et le déploient en s'éloignant l'un de l'autre; ils le retiennent à l'aide d'une longue corde attachée à chaque bout, puis ils rament et le traînent après eux à distance. Sur la plage sont les parents, les amis, les enfants des pêcheurs; dès que les barques se sont assez rapprochées de la terre, ils s'emparent des cordes, s'y attèlent tous et amènent ainsi le filet, lentement et avec de grands efforts, jusque sur le rivage; puis on l'ouvre et on fait le triage des poissons capturés.

A peine la nuit venait-elle de nous entourer de son obscurité, que la lune resplendissante apparut à l'horizon; elle semblait sortir de la mer pour nous éclairer; son éclat était tel que nous pouvions distinguer à quelque distance des côtes les barques des pêcheurs; l'air était comme embaumé, une douce brise venait tempérer la chaleur de la journée : c'était délicieux.

Bientôt nous arrivâmes au cap de *Mele*, dont le phare lumineux dirige au loin la marche des navires, puis nous descendîmes rapidement dans le val d'*Andora*, qui est très-malsain et presque entièrement abandonné par la population.

Ce vallon est à mi-chemin entre Gênes et Nice.

Nous passâmes à huit heures près de *Victomarina*, et à huit heures et demie nous entrions à *Oneglia*, après avoir encore franchi une longue côte. J'aperçus un vaste et beau bâtiment dans cette ville; on me dit que c'est le collége. Nous fîmes un maigre souper à Oneglia et en repartîmes au bout d'une demi-heure.

Le chemin nous conduisit ensuite par *Montenegro, Carinagna* et *Porto-Maurizio;* cette dernière petite ville a des rues exceptionnellement larges; elle est bâtie sur une colline et semble planer sur la mer.

A minuit et quart nous atteignîmes *San-Remo,* ville de 10,000 habitants, renommés par la douceur de leur caractère : serait-ce l'influence du climat? car San Remo est un des pays privilégiés de cette belle côte; la végétation y est des plus riches et toute méridionale; les fleurs et les fruits s'y produisent avec une merveilleuse facilité, avec une abondance surprenante. J'ai déjà mentionné les orangers et les oliviers de San Remo.

Le village de *Bordighiera,* qui vient après, a cela de remarquable qu'il est habité par la famille *Bresca,* qui, depuis 1588, a le privilége de fournir exclusivement les églises de Rome de feuilles de palmiers.

Ventimiglia est située sur une assez haute montagne qu'il faut gravir; c'est la patrie du poëte latin

Aulus Persius. A droite, sur le roc, il y a une forteresse.

Vers quatre heures du matin nous descendions à *Mentone*, ancienne résidence du prince de Monaco et maintenant réunie à la Sardaigne. Le clair de lune nous permit de distinguer la belle situation de cette ville, les délicieuses villas qui l'entourent, les proportions colossales des oliviers qui forment au delà une véritable forêt; sous les oliviers on a planté beaucoup d'orangers.

Avec San Remo, Mentone est l'un des endroits les plus chauds de la Corniche: en hiver il n'y gèle jamais; en été le thermomètre centigrade dépasse quelquefois 40 degrés!

A Mentone, un sixième cheval fut ajouté à notre attelage, car nous avions à monter une côte très-raide de deux lieues de longueur; j'en fis une partie à pied.

Le jour commençait à poindre; des nuages de feu planaient sur la mer; le lever du soleil fut un spectacle magique. Nous étions déjà à une grande élévation lorsque l'astre du jour apparut dans toute sa splendeur; son disque étincelant sortit de la nappe d'eau avec la vitesse d'une flèche et lui donna une teinte indescriptible : nous étions en extase. La route monte toujours, contourne cinq ou six montagnes, traverse de hautes vallées quelquefois sur des ponts en pierre d'une seule arche : l'ensemble du coup d'œil est solennel et imposant au-dessus de toute idée.

Peu à peu nous aperçûmes bien bas, à nos pieds, la petite presqu'île où trône la célèbre ville de *Monaco*, on ne peut plus pittoresquement située.

C'est au petit village de *Torrepia* qu'est le point culminant du col. Il y a un relais : notre cheval de secours nous quitta. Du village descend une route excessivement rapide qui mène à Monaco ; nous la laissâmes à gauche et continuâmes encore longtemps à cheminer sur les hauteurs, d'où la vue sur la mer ne cessait pas d'être ravissante.

Tout près de Torrepia est un château en ruines. Un peu plus loin on passe près du village de *Rocca bruna*, qui est bâti sur une montagne conique s'élevant d'une haute vallée. Cette montagne est si escarpée qu'une partie du village s'est écroulée, et quoique cet événement date de bien longtemps déjà, on voit encore les décombres des habitations.

Villafranca, port que la Sardaigne a loué à la Rus-

sie, se trouve à gauche, au delà de Monaco, au pied
des montagnes sur lesquelles nous marchions; mais
plusieurs cîmes nous empêchèrent de le voir.

A mesure qu'on avance on s'éloigne de la mer, puis
on tourne brusquement à droite, on domine une large
vallée dans laquelle serpente la route de Nice à Turin,
et enfin on descend rapidement cette énorme montagne
de la *Turbia,* que nous avions mis plusieurs heures à
franchir. Bientôt on voit la jolie ville de Nice avec son
petit port; on a une perspective étendue sur la mer
qui baigne les côtes de France; on aperçoit même
dans le fond, sur un promontoire, le phare d'Antibes.

Nous nous arrêtâmes au bureau des Messageries
impériales, vers neuf heures du matin, heureux d'a-
voir terminé ce voyage sans accident, mais heureux
surtout des merveilles de la nature que nous avions pu
contempler.

Nice se compose de deux quartiers bien distincts :
l'ancien et le nouveau. Le premier est, comme la plupart des villes d'Italie, à rues étroites et sombres; le
second a du jour et de l'air. La population s'élève à
20,000 habitants, et ce chiffre s'augmente en hiver des

nombreux étrangers qui viennent chercher le doux climat de ces lieux.

La ville est complétement abritée au nord par les hautes cîmes des Alpes maritimes. De cette heureuse situation résulte principalement l'égalité de température qui y règne d'ordinaire; rarement, en été, le thermomètre centigrade dépasse 30 degrés; plus rarement encore il descend à zéro en hiver; cependant il y a eu un jour 3 degrés de froid.

Le vent souffle souvent avec violence et dégénère quelquefois en bourrasques fatigantes.

Les étrangers qui sont à Nice éprouvent parfois le besoin de se chauffer par des températures au-dessous de 8 à 10 degrés, et ils y arrivent difficilement; les calorifères se réduisent à de petites cheminées donnant peu de chaleur. Les vrais Niçois ne font jamais de feu; je vis chez l'un d'eux une de ces cheminées microscopiques qui me frappa par son état de conservation et de propreté, quoiqu'elle ne fût évidemment pas neuve. J'en fis l'observation : «C'est bien facile à comprendre, me répondit le propriétaire, car voilà trente ans au moins qu'on n'y a pas fait de feu.»

Le Paglione, torrent presque à sec en été, traverse le quartier neuf; deux ponts, le *Ponte vecchio* et le *Ponte nuovo*, réunissent des quais larges, plantés d'arbres et garnis de constructions toutes modernes plutôt simples qu'élégantes.

A l'extrémité du quai Masséna est une petite promenade publique, bien plantée et bien entretenue. On y voit un dattier d'au moins six mètres de haut[1].

En dépassant cette promenade et en tournant à droite, on arrive sur une plage appelée le *Chemin des Anglais*. Le long de cette plage il y a une série de charmantes villas et de maisons entourées de jardins, offertes en location. L'impératrice douairière de Russie habite ordinairement une de ces villas; on y faisait, au moment où nous passions, de grands préparatifs pour sa prochaine arrivée.

Près du *Ponte nuovo* est un obélisque en marbre blanc, assez mal placé là, car il gêne les abords du pont. Il a été érigé par les Israélites en l'honneur du roi de Sardaigne.

En face de ce pont est la place Masséna, entourée à gauche de constructions neuves à arcades; au fond on y élève une église du rite grec.

[1] Parmi les autres arbres j'ai remarqué le poivrier d'Amérique, *Schinus Molle*, d'un très-beau port et avec des fruits en grappes d'un rouge de corail; l'*Acacia Julibrissin*, le Savier de Saint-Domingue à fleurs d'un rouge carmin (*Savia sessiliflora*); le Pittospore de la Chine (*Pittosporum Tobira*).

Quelques arbustes et les fleurs ordinaires de la saison complètent les plantations de cette promenade.

Au bout de l'autre quai est la *Piazza dei Focesi* (place des Phocéens), plantée d'arbres et donnant vue sur la mer.

Au retour de cette place est le *Passegio del Corso*, ayant d'un côté des maisons particulières, de l'autre deux longues constructions à rez-de-chaussée seulement avec des cafés, des marchés et d'autres lieux publics; le dessus forme deux terrasses ouvertes aux promeneurs et d'où l'on a une très-belle vue sur la mer et les côtes de France.

A l'est de cette terrasse est l'entrée du port qui pénètre dans la ville; quelques bateaux marchands y étaient ancrés.

On parle moins l'italien à Nice que dans aucune autre ville de l'Italie; la langue française y est généralement répandue. Le peuple a conservé un dialecte roman qui lui est particulier.

Nice est, par sa situation et par le désir d'une grande partie de sa population, surtout des commerçants, une ville toute française. En effet, elle est isolée de la Sardaigne par de hautes montagnes d'un accès difficile, tandis que son territoire touche à la France, dont elle n'est séparée que par le Var et par notre douane. Toutes les relations, tous les intérêts des Niçois les lient à la France, et l'annexion est leur vœu. Il y a deux journaux rédigés en langue française : l'*Avenir* et la *Gazette de Nice;* l'un ne cache pas ses sympathies pour la France; l'autre défend la cause de la Sardaigne.

Nous étions descendus à l'*Hôtel-de-France*, parfaitement tenu par M. Feder père, originaire de Strasbourg, dont il se rappelle encore avec plaisir quelques familles, quoiqu'il ait quitté cette ville depuis bien longtemps[1].

Nice est entouré par une quantité de jardins particuliers, la plupart de création assez récente.

Je désirais visiter celui de M. Alphonse Karr, qui jouit à Nice d'une grande réputation; mais on me dit

[1] M. Feder est fils d'un boucher de Strasbourg et il apprit en 1809 le commerce dans la maison Sengenwald. Il s'éloigna de sa ville natale peu de temps après et vint à Turin où il fonda un hôtel; plus tard il en créa un second à Gênes; les deux prospérèrent et atteignirent au premier rang. Depuis quelques années il a encore acheté l'*Hôtel-de-France* à Nice, où il compte finir sa carrière. Il a abandonné à ses deux fils la gestion des hôtels de Gênes et de Turin. Mais le fils qui est à Turin a renoncé à sa carrière pour s'associer à l'une des premières maisons de commerce de cette capitale.

que l'accès en est devenu assez difficile par suite des nombreux importuns qui y affluaient. Mais, comme je connaissais un peu M. Karr, je tentai l'aventure.

Son jardin est situé à environ dix minutes de la ville; pour y arriver, on passe par d'étroites ruelles formées par les murs d'enceinte d'autres jardins.

Notre cocher s'arrêta tout à coup et nous dit : « C'est là; mais je doute que vous soyez admis. » La porte était ouverte, je me dis : *Patet amicis*. Je pénétrai jusque vers la maison d'habitation; une femme était occupée à quelques travaux; je lui remis ma carte en la priant de la porter à M. Karr. Quelques instants après, cette femme revint et me présenta le billet suivant écrit sur papier vert :

« Restez-vous à Nice quelques jours? ou la saison ? Alors je pourrai vous revoir. Sinon, je descends dans un moment. Vous comprendrez la situation : des imprimeurs attendent.

« Salut cordial, A. K. »

Il était évident que M. Karr s'occupait dans ce moment d'une œuvre destinée à la publicité, que nous le dérangions en insistant, et cependant il nous était impossible de revenir; je n'hésitai donc pas à répondre à la femme : « Veuillez prévenir M. Karr que je repars demain.» Peu de minutes après il était auprès de nous, en costume de campagnard travailleur. Malgré *la situation*, il nous accueillit avec une courtoisie charmante et nous fit les honneurs de son jardin.

Les principales plantations de ce terrain, qui comprend deux hectares, consistent en orangers au feuillage d'un vert très-foncé, en citronniers, pêchers, abricotiers, etc. Les légumes prennent aussi beaucoup d'espace et sont l'une des principales branches de l'exploitation. Dans deux plates-bandes on venait de semer des haricots et des petits pois, pour les récolter en janvier. Après les fruits et les légumes, ce sont les fleurs que cultive M. Karr. Il en fait un grand commerce avec Grasse pour la parfumerie et avec Paris pour les bouquets. J'admirai d'énormes pieds d'Héliotropes, palissés à environ un mètre et demi de hauteur, sur une longueur de huit à dix mètres; ils formaient une cloison compacte couverte de fleurs. M. Karr en cueillit un gros bouquet auquel il ajouta quelques roses thé et l'offrit à Mme Silbermann.

La maison d'habitation n'est pas grande, mais elle disparaît entièrement sous des rosiers qui couvrent toute la façade jusque sur le toit et forment encore, devant la maison, un berceau à ombrage épais; ce sont des rosiers de Banks et de Bengale, plantés depuis cinq ans seulement, époque à laquelle M. Karr a pris ce jardin en location.

D'autres plantes curieuses, surtout au point de vue de leur végétation en pleine terre, ornent encore les parterres; mais il faut quelquefois les chercher sous des touffes de mauvaise herbe[1].

M. Karr s'est fait très-sérieusement jardinier, sans toutefois renoncer à ses travaux littéraires. Il a à Nice, au quai Masséna, un magasin où il vend en détail. Au-dessus de la porte d'entrée de ce magasin est inscrite, en gros caractères, l'enseigne suivante : *Alphonse Karr, jardinier.* J'ai voulu le visiter, mais il était en grandes réparations, on se préparait pour la *saison* qui allait commencer.

M. Karr m'a assuré qu'il se procure très-difficilement des ouvriers. « Dans ce pays, me dit-il, les jour-« naliers sont très-sobres, mais aussi très-paresseux; « ils se contentent par jour de trois tomates et de trois « gousses d'ail qu'ils volent dans les champs; pourquoi « travailleraient-ils? »

[1] Je citerai principalement : *Acacia longissima (linearis)*, *Datura arborea*, *Poinciana Gilliesii*, *Plumbago azurea*, *Eriobotrya japonica*, le Néflier du Japon donnant des fruits semblables à des mirabelles jaunes.

Dans un petit bassin se trouvait le *Thalia dealbata* et un beau *Caladium*.

On nous raconta que l'année dernière M. Karr four-
nissait les légumes et les fruits pour la table de l'impératrice douairière de Russie; qu'à la fin du premier
mois on lui demanda sa facture : elle s'élevait à 40 fr.
par jour. L'impératrice le sut et trouva que c'était
cher; on en fit l'observation à M. Karr, qui répondit :
« Qu'à cela ne tienne; je fournirai les légumes gratis
à Sa Majesté.» On ne put nous dire si l'impératrice
accepta.

La végétation est à Nice à peu près pareille à celle
de la Corniche; comme à Gênes, on cultive des
champs entiers de tomates; l'*Arundo Donax* est très-
abondant et devient très-haut; l'olivier prend aussi
des proportions colossales : il en existe un près de
Beaulieu, à peu de distance de Nice, qu'on va voir
comme une curiosité; son tronc aurait plus de
deux mètres de diamètre! Les mûriers sont aussi en
très-grand nombre, car on élève beaucoup de vers à
soie dans les environs. Les autres articles de culture
et de commerce sont : l'huile d'olives, la soie, le vin,
les liqueurs, le savon, la parfumerie, les chapeaux
de paille et le tabac; mais, comme chez nous, il faut
livrer le tabac en feuilles à la régie. Le gouvernement
sarde fabrique lui-même le tabac, qu'il vend plus cher

qu'en France, mais la qualité en est moins bonne : triste compensation pour les consommateurs !

Pendant notre séjour à Nice, la chaleur était encore très-forte (14 octobre) et la sécheresse extrême ; il n'était pas tombé d'eau depuis six mois, on avait même de sérieuses inquiétudes pour la récolte des olives. Mais le lendemain, jour de notre départ, le ciel vint au secours du pays : pendant plusieurs heures une pluie diluvienne rafraîchit la température et ranima les espérances du cultivateur.

VIII.

DE NICE A STRASBOURG.

(Du 15 au 25 octobre 1859.)

La matinée du 15 octobre était encore belle; je fis un tour dans la ville. En parcourant les principales rues, je remarquai l'activité qui régnait partout pour se préparer à la saison; on nettoyait les logements, on restaurait les magasins; de tous côtés les habitants s'ingéniaient à attirer les regards et la bourse des étrangers qu'on attendait.

Dans le jardinet du palais du Gouvernement je fus émerveillé par la vue d'un dattier (*Phœnix dactylifera*) au stipe très-épais, avec une touffe de feuilles amples, bien fournie. Dans d'autres plantations je vis encore des dattiers qui, quoique moins âgés, n'en sont pas moins de très-beaux arbres; quelques palmiers nains (*Chamœrops humilis*) apparaissent aussi çà et là.

Pendant ma promenade le ciel s'était couvert et bientôt une pluie torrentielle vint à tomber. Le Paglion se gonfla très-promptement et rompit la digue de sable qui séparait son lit de la mer, dans laquelle il se jeta avec fureur.

Cependant le moment de notre départ approchait. La diligence pour Toulon partait à deux heures. Cette diligence transporte les dépêches, et en seize heures elle franchit les 185 kilomètres qui séparent Nice de Toulon.

Nous prîmes place dans le coupé.

Au sortir de ce côté de Nice, il y a de belles prairies qui étaient restées très-vertes malgré la sécheresse. Un bois de trembles et d'ormes leur succède jusqu'au pont du Var; cette rivière était à peu près à sec. Le pont a huit cents mètres de longueur, mais il est très-étroit et tout en bois peint en rouge brunâtre; son milieu est la limite de la Sardaigne et de la France.

En touchant le sol français, on s'arrête à la douane. Je déclarai quelques objets que nous avions achetés à Venise et à Gênes; le receveur me répondit qu'ils étaient de trop peu d'importance pour être sujets à des droits: «Ils sont sans valeur pour la douane,» me dit-il gravement. Nous ne demandions pas mieux.

Après la visite vient la formalité ennuyeuse du visa des passe-ports: elle dura plus d'une demi-heure; puis nous nous remîmes en voiture; il pleuvait toujours à verse.

La poste de Nice envoie ses dépêches au delà du

pont du Var; nous devions les emporter; elles étaient en retard; il fallut encore attendre un grand quart d'heure. Enfin, après trois heures, le conducteur donna le signal du départ.

La contrée est toute plantée d'oliviers. Vers quatre heures nous traversâmes le village de Gagnes, pittoresquement situé; des hauteurs s'élèvent à gauche. De là on côtoie la mer à quelque distance, et au bout d'une heure on entre à Antibes, forte place avec un joli port. Nous y fîmes un détestable dîner.

Le temps s'était remis, et ce fut par un beau soleil couchant que nous passâmes devant la colonne rappelant le débarquement au golfe de Juan de l'empereur Napoléon Ier, le 1er mars 1815.

A gauche l'on découvre les îles de Lérins, celle de Saint-Honorat, où il y a un monastère en ruines, et celle de Sainte-Marguerite, célèbre par le séjour qu'y fit l'homme au masque de fer. Dans ces derniers temps elle servit de lieu de détention aux Arabes faits prisonniers pendant les guerres en Algérie. Il y a un fort considérable.

A Cannes, où nous entrâmes vers six heures et quart,

la nuit nous surprit. Cependant nous pûmes encore distinguer quelques-unes des charmantes villas qui entourent cette ville, et les beaux oliviers qui, plus loin, ne sont plus aussi vigoureux.

Cannes a un climat à peu près pareil à celui de Nice, et les personnes d'une santé délicate viennent aussi, en grand nombre, y passer l'hiver. Sa situation est des plus favorisées; elle est bâtie sur le versant d'une colline qui s'avance dans la Méditerranée; au haut de la colline sont les restes d'un château des moines de Lérins.

Au delà de Cannes, il y a, tout près de la route, une élévation parfaitement ombragée et sur le plateau de laquelle est un ermitage avec une chapelle dédiée à saint Cassien; une fête annuelle s'y célèbre le 23 juillet.

On passe ensuite, sur un pont suspendu, la rivière de Siagne.

Bientôt on commence à gravir la montagne de l'Esterel. Sur le sommet de cette montagne, dit le *Guide Richard*, existent plusieurs cavités souterraines où les bergers renferment de nombreux troupeaux de chèvres qui paissent habituellement sur les rochers. Du côté de la mer, au bord d'un précipice affreux, se trouve la grotte de Sainte-Baume, où saint Honorat, évêque d'Arles, vint passer plusieurs années avant de fonder, dans l'une des îles de Lérins, la célèbre abbaye de ce nom. Une tradition populaire veut que sainte Madeleine, venue en Provence avec saint Lazare et sainte Marthe, s'y soit retirée pour pleurer ses péchés. L'intérieur de cette grotte est très-obscur et la lumière n'y pénètre que par une ouverture qui est dans la voûte et par où les eaux pluviales tombent dans une citerne. On y voit un autel où, tous les ans, le 1er mai, on célèbre une messe à laquelle assistent un grand nombre d'habitants de Fréjus et de Saint-Raphaël, qui viennent en pèlerinage. Au devant de la grotte on a formé, sur un plateau, un jardin garni d'orangers qui y croissent en pleine terre.

Du haut de l'Esterel la vue s'étend sur la mer, et l'on aperçoit dans le lointain les rives de la Corse.

A neuf heures trois quarts nous passions à Fréjus, situé sur une petite éminence ; d'un côté s'étend une vaste plaine, de l'autre la mer.

Environ trois heures après, c'est-à-dire à minuit et demi, nous entrions à Draguignan, chef-lieu du département du Var, avec 10,000 habitants. Il paraît que nous n'avons rien perdu à ne voir cette ville que de nuit, car, dit Richard, « à part la place, une rue circulaire et les promenades, c'est une ville aux rues mal percées, étroites, sombres, sales et puantes. » Je regrettai seulement de ne pas pouvoir visiter le jardin botanique, qu'on dit être fort beau et fort curieux.

Les environs de Draguignan sont délicieux. La ville elle-même est située dans un bassin arrosé par la Naturbie; des hauteurs voisines, qui forment ce bassin en amphithéâtre, on voit se développer une vallée admirable, pittoresquement accidentée et richement plantée de vignes, d'oliviers, de mûriers, etc. A l'horizon, à droite de ce vaste et magnifique paysage, la chaine festonnée des montagnes bleues qu'on appelle les *Maures*, parce qu'elles furent longtemps le repaire des Sarrasins et des forbans venus de la Méditerranée. A gauche, vers l'orient, le golfe et la ville de Fréjus.

Lorsque nous approchâmes de Cœurs, le jour reparut, et à sept heures nous entrions à Toulon.

Nous nous arrêtâmes à l'hôtel de la *Croix-de-Malte*, sur la Petite-Place-au-Foin, qui a au milieu une fontaine et est plantée de quelques gros platanes.

Notre temps était très-limité; nous devions partir à

une heure pour Marseille. Je m'informai donc aussitôt
des moyens à employer pour voir l'arsenal maritime;
mais on m'assura que c'est de toute impossibilité le
dimanche; qu'au surplus on ne travaille pas ce jour-
là et que ce serait dès lors une visite sans intérêt, si
même nous parvenions à y pénétrer. Je ne me laissai
toutefois pas rebuter par ces dires et je me fis conduire chez le commandant de l'arsenal. Je le trouvai à
son bureau : c'est un capitaine de vaisseau, fort bel
homme; il était en grand uniforme et me reçut avec
beaucoup de courtoisie, mais en me disant qu'en effet
le dimanche on n'accorde pas de permission pour
entrer dans l'arsenal. Je lui en exprimai mon désap-
pointement et j'ajoutai que je ne suis pas maître de
mon temps, que mes affaires me rappellent à Strasbourg et qu'il m'est impossible de faire un plus long
séjour à Toulon. Là-dessus il me demanda mon passe-
port, et en le lui remettant je dis que je revenais
d'Italie, où j'avais conduit ma fille auprès de son mari,
officier dans l'armée française. — A ces mots, un
autre officier de marine, qui était assis sur un ca-
napé, se redressa et me dit : « Votre gendre serait-il
par hasard le lieutenant-colonel Hartung ? » Sur ma
réponse affirmative, il reprit : « Mais c'est mon meilleur ami ; que je regrette qu'une blessure m'empêche

presque de marcher, sans cela c'est moi qui vous conduirais à l'arsenal. Lorsque vous écrirez à votre gendre, veuillez lui dire les choses les plus affectueuses de la part du lieutenant de vaisseau Pierre Laurent.» — Mon procès était gagné!

Le commandant fit appeler un sous-officier de marine et lui donna l'ordre de me faire voir l'arsenal, «et cela se trouve bien, ajouta-t-il, car on travaille aujourd'hui comme un autre jour, à cause des préparatifs qu'on fait pour l'expédition en Chine.»

Je rejoignis ma femme qui se trouvait dans la première pièce, et nous nous dirigeâmes immédiatement vers ces immenses chantiers des principales forces navales de la France. Les ateliers étaient en pleine activité, et nous en examinâmes la série avec la plus grande attention. Partout on voyait travailler des forçats enchaînés deux à deux, mais en général à l'air bien portant et robuste; quelques-uns d'entre eux nous firent passer dans des bacs d'un bassin à l'autre, et ils parurent très-satisfaits des légères gratifications que je déposais pour eux sur l'un des bancs.

Les forçats, encore au nombre d'environ 3000, sont tous coiffés du bonnet rouge, emblème de la liberté extrême : est-ce une cruelle ironie?

Nous fûmes surtout émerveillés de l'ordre et de la

propreté qui règnent dans ces vastes ateliers comprenant les cales couvertes pour la construction des navires, les forges, la corderie, le magasin général, la salle d'armes, etc., etc. Les bassins étaient remplis d'un grand nombre de ces colosses aquatiques sur lesquels se livrent les batailles navales. Ainsi nous avons vu successivement le *Montebello*, le *Souverain*, le *Friedland*, le *Prince-Jérôme*, le *Iéna*, le *Navarin*, la *Ville-de-Paris*, le *Rhin*, l'*Entreprenante*, le *Dryade*, la *Seine*, le *Fleurus*, le *Jura*, l'*Arriége*, la *Nièvre*, la *Loire* et d'autres encore dont je ne me rappelle pas les noms : tous vaisseaux de haut bord, dont plusieurs étaient complétement armés, d'autres en réparation, d'autres, enfin, en construction.

Dans l'arsenal proprement dit, notre cicérone nous fit voir de près ces formidables et lourdes bouches à feu en fer destinées aux navires de guerre; plusieurs d'entre elles sont déjà rayées d'après un système perfectionné. Au milieu de ce vaste dépôt d'engins meurtriers s'élève un trophée fait avec des canons russes pris en Crimée.

Dans l'un des bassins on nous fit remarquer deux batteries flottantes qui avaient servi au siége de Sébastopol; leurs cuirasses en fer de dix centimètres d'épaisseur portent de nombreuses traces des boulets ennemis, qui n'ont laissé que des empreintes légères sur ces masses de fer.

Après une tournée de près de deux heures, nous prîmes congé de notre sous-officier, qui nous reconduisit jusqu'à la porte d'entrée de l'arsenal, véritable arc de triomphe orné de colonnes et de statues.

Nous nous dirigeâmes vers le port et je louai une barque à voiles avec un rameur pour aller voir le vaisseau le *Fontenoy*, à l'ancre dans la rade, nouveau navire de guerre complétement armé et frété pour faire un voyage d'essai. Nous l'atteignîmes au bout d'un quart d'heure. A notre arrivée sur le pont on désigna un mousse qui devait nous servir de guide; mais cet enfant parlait un tel charabias qu'il nous était impossible de le comprendre; un *maître* s'en aperçut et aussitôt il vint le remplacer. Nous le suivîmes et nous parcourûmes successivement les quatre étages de ce grand navire. Notre gracieux *maître* nous en expliqua tout l'aménagement intérieur, il nous en montra tous les détails, jusqu'à la cale où sont les réservoirs d'eau douce; au garde-manger sont les provisions de biscuit; il nous en offrit; il voulut même nous faire boire du *schnick* pour nous en faire apprécier la bonne qualité : je lui déclarai que je le croyais sur parole. La machine à hélice nous intéressa vivement, et en général la tenue de ce navire était parfaite. — Remontés sur le pont, nous trouvâmes tous les matelots en inspection, tambours et clairons en tête; leur nombre s'élevait à 500; mais l'équipage complet doit être porté à mille hommes.

Dès que nous eûmes remis les pieds dans notre barque, le nautonnier nous annonça que la brise était favorable; il déploya ses deux voiles et me pria de me mettre au gouvernail; je ne m'acquittai pas trop mal de mes fonctions de pilote, car souvent déjà j'avais dirigé des bateaux dans ma jeunesse.

Notre marin nous fit d'abord remarquer un groupe de cinquante-trois navires marchands pris sur les Autrichiens lors de la dernière guerre; ils attendaient là leur destination ultérieure. Puis, en rentrant dans le port, il nous montra le vaisseau le *Muiron*, sur lequel Napoléon Ier était revenu d'Égypte. Ce vaisseau, entièrement démâté, sert maintenant de corps-de-garde au poste de surveillance du port.

C'est avec peine que je me décidai à quitter Toulon sans avoir vu Saint-Mandrier, presqu'île où est l'hôpital de la marine avec un jardin botanique réputé pour sa belle végétation. Mais la matinée était passée, il fallait se rendre à la station du chemin de fer, située à quelque distance de la ville.

A midi et demi la vapeur nous entraînait vers Marseille. Le chemin de fer entre cette ville et Toulon est de construction toute récente; il traverse un joli pays très-accidenté; on passe par des tunnels sous lesquels on reste quatre à cinq minutes, surtout entre La Ciotat, Cassis et Aubagne. Près de Toulon il y a d'assez hautes montagnes dont les cîmes sont formées par d'énormes roches arides, toutes blanches; on dirait voir des pics couverts de neige. Mais bientôt l'aspect de la campagne devient très-riant; de charmantes collines boisées de pins parasols et de pins d'Alep varient agréablement les plaines où croissent des oliviers, des mûriers, des figuiers, des vignes et diverses autres espèces d'arbres fruitiers. Le cyprès pyramidal figure encore dans les plantations d'agrément, mais le peuplier reparaît aussi.

Les principales stations entre Toulon et Marseille sont : La Seyne, Mazère, Bandal, Saint-Cyr, où je vis de grands Agavés en pleine terre, et encore d'assez beaux oliviers; La Ciotat, Cassis, Aubagne, Camp major, La Pène, ayant une végétation très-variée; Saint-

Menet, Saint-Marcel et La Pomme, où il y a effectivement beaucoup de pommiers.

Du chemin de fer on aperçoit souvent la mer, et on a des points de vue délicieux. Le trajet entier se fait en deux heures et demie, en grande vitesse.

L'aspect de Marseille est grandiose dans son ensemble; on voit dès le premier abord que c'est une ville riche, active, commerçante; ses ports sont encombrés de navires de toutes les nations; il y règne un mouvement prodigieux; les rues sont généralement belles; des boulevards plantés d'arbres traversent divers quartiers; de grandes places, bien régulières, quelques-unes ornées de plantations, contribuent à la beauté de la ville. Mais ce qui manque à Marseille ce sont des monuments; hormis la Porte d'Aix, en forme d'arc de triomphe, la Nouvelle Bourse, à peine achevée et qu'on critique déjà, et la Cathédrale dont les fondations sont à peine jetées, il n'y a pas de construction ayant un caractère monumental. L'architecture des maisons particulières modernes est simple, mais élégante, les fenêtres et les étages sont élevés.

Les établissements publics le plus richement ornés sont les cafés; tout ce que l'art du décorateur peut imaginer en peintures, en dorures, en applications de glaces, en bronzerie, en éclairage, y est semé avec profusion. Le public qui les fréquente paraît être moins choisi. Les dames vont prendre les glaces au premier, chez Bodoul, qui tient un petit café rue Saint-Ferréol.

C'est tout près, rue Paradis, que sont les meilleurs magasins de fruits confits qu'on prépare parfaitement à Marseille et dont il se fait un commerce assez considérable.

Le plus beau boulevard s'appelle le Cours; en 1852 on y a érigé la statue du prélat Belsunce de Castel-Moron. mort à Marseille en 1755; cette statue est de Ramus; puis vient le Cours Bonaparte qui aboutit à une colline convertie en promenade, et qui a reçu le nom de Napoléon; enfin le boulevard Longchamp.

La fameuse Canebière, qui fait l'orgueil des Marseillais, est une large et belle rue, mais beaucoup trop courte; elle s'étend du Cours au port. C'est là que se trouvent les plus riches magasins et quelques uns des premiers hôtels[1].

Nous avions choisi, sur la recommandation de M. Feder, l'hôtel des *Colonies*, rue Vachon et passage Saint-

[1] Tout le monde connaît le propos suivant attribué à un habitant enthousiaste de la ville des Phocéens : « Si Paris avait « une Canebière, ce serait un petit Marseille. »

Féréol; on y mange très-bien, à la carte, dans une cour sablée et ornée d'un jet d'eau; le soir, ou par le mauvais temps, cette cour est convertie en un véritable salon au moyen d'une épaisse toile dont on la recouvre. Des salons et des cabinets particuliers donnent sur la cour.

Voici les noms des principales rues autres que la Canebière : celles de Rome, Sylvabelle, Paradis, Saint-Féréol. Les principales places s'appellent : Royale, Saint-Féréol, Castellane, avec un obélisque formant fontaine, Saint-Michel, avec plantations et un groupe de rochers au milieu.

Le nouveau quartier est composé des élégantes maisons *Mirès* sur le port de la Joliette. Un troisième port est en construction; pour en faire le quai, on jette une montagne entière dans la mer; des milliers d'ouvriers y sont occupés.

Afin d'utiliser le plus complétement possible notre séjour à Marseille, nous louâmes une voiture après avoir circulé à pied sur le quai du port et dans les rues adjacentes, après avoir aussi visité plusieurs magasins où nous ne fûmes pas toujours ravis de l'urbanité des marchands.

Nous nous dirigeâmes vers la montagne où se trouve

l'église de Notre-Dame-de-la-Garde; l'ascension en est assez rude et le chemin mal entretenu. Mais la vue dont on jouit de cette hauteur est ravissante. On voit se dérouler en amphithéâtre, jusqu'à la mer, les innombrables maisons de Marseille, et la Méditerranée se confond à l'horizon avec l'azur du ciel. Un fait particulier, c'est que tous les toits des maisons sont couverts de tuiles creuses paraissant toutes neuves encore, car elles n'ont pas perdu leur couleur rouge de brique.

Les collines environnantes sont toutes parsemées de *Bastides*; c'est ainsi qu'on nomme les maisons de campagne des Marseillais; on en évalue le nombre à 5000.

Sur la montagne où nous nous trouvions il y avait un fort de peu d'importance construit sous François Ier; il a été remplacé postérieurement par une chapelle dédiée à la Vierge; maintenant on y construit une église en marbre rouge et blanc qui promet de devenir fort belle. La crypte en est déjà achevée, et on y célèbre quelquefois la messe. Une cloche remarquable, qu'on appelle le *Bourdon*, est provisoirement suspendue dans un échaufadage en charpente d'où elle doit être hissée dans le clocher de la nouvelle église. C'est du haut de cet échafaudage qu'on a la plus belle vue sur le magnifique panorama qui s'étale à vos pieds. C'est de là aussi qu'on voit le mieux les trois îles qui

se trouvent à quelque distance en face du port. La plus
importante est celle du Château d'If où il y a des cachots souterrains. Mirabeau y fut détenu en 1774; en
1851 une partie des personnes arrêtées le 2 décembre
y furent emprisonnées.

De Notre-Dame-de-la-Garde nous allâmes à la belle
promenade du Prado qui s'étend au sud-est de la ville.
Dans ces allées notre cheval n'avançait plus; j'en fis
l'observation au cocher, qui me répondit froidement :
« Que voulez-vous, Monsieur, c'est son habitude, il
est vieux. » — « C'est très-bien, répliquai-je, arrêtez,
nous allons descendre. » Cette menace fut un argu-
ment péremptoire qui rajeunit beaucoup notre cheval,
il prit aussitôt un bon trot, et le continua tout le temps
de nos courses.

Le Prado a quatre rangées d'arbres. Après avoir fait,
en ligne droite, environ un kilomètre, on arrive à une
place entourée d'un côté de jardins publics : le *Château
des fleurs*, l'*Élysée*, etc.; puis on tourne à angle droit,
et dix minutes plus loin on s'arrête au bord de la mer.
De chaque côté des allées sont de très-jolies maisons
de campagne et quelques établissements horticoles.
Sur une hauteur, à droite, est situé le pittoresque
château de M. Talabot, directeur du chemin de fer

Tout près de la mer, à gauche du chemin, il y a une plantation de tamaris déjà très-âgés.

Le Jardin zoologique est certainement le lieu le plus curieux à visiter à Marseille. Il a été entrepris par une société qui fait, dit-on, de bonnes affaires. Le prix d'entrée est de 1 fr. Cet établissement est très-vaste déjà, et on l'agrandit encore en ce moment. Quoique de récente création, il ne le cède en rien au Jardin-des-Plantes de Paris. Les accidents de terrain sont plus variés, la végétation est plus belle, la collection d'animaux vivants est plus riche. Parmi ces derniers j'ai surtout remarqué un très-grand éléphant, une giraffe de forte taille, un rhinocéros, un dromadaire blanc, dit *Méhari*, d'Algérie, un bel orang-outang, mais il était malade, couché dans sa cage et recouvert jusqu'à la tête d'un drap de laine; on eût dit voir un vieillard décrépit; il est probable que la pauvre bête subira bientôt le sort réservé à tous les orangs et les chimpanzés amenés en Europe : elle mourra de la poitrine[1]; des mangoustes d'Edwards; un tatou Encoubert, animal immonde à dure carapace se plaisant près des charognes; dans sa cage était un coq pourri

[1] Ma prévision s'est réalisée depuis. Les premiers froids de l'hiver ont emporté le pauvre animal.

sur lequel il se vautrait avec délice. La famille des ruminants est surtout riche en espèces ovines, en cerfs, en daims, lamas, vigognes, etc. Les singes aussi sont très-variés; quelques-uns sont dans des cages au chaud, d'autres gambadent à l'air libre. Les oiseaux sont représentés en très-grand nombre dans cette belle ménagerie; entre beaucoup d'autres je citerai six flamands d'Égypte, l'ibis sacré, des hérons crabiers, des autruches, des hoccos, des talèves à dos vert, etc. Les carnassiers sont enfermés avec précaution; la plupart des autres animaux restent en liberté dans des enclos avec de charmants abris aux formes les plus variées. Ainsi la giraffe a pour demeure un gracieux kiosque égyptien, précédé d'une cour; l'éléphant, une pagode indienne, et ainsi de suite. Au fond du jardin passe une partie du fameux aqueduc qui amène à Marseille les eaux de la Durance, d'une distance de 92 kilomètres; cette construction fait un très-bel effet. On n'a reculé devant aucune dépense pour doter ce jardin de tout l'agrément et de tout le luxe possibles. Il est seulement à regretter que la partie botanique soit encore négligée; il y a de très-belles plantes, des arbres rares, mais les noms n'y sont pas, on semble trop les considérer comme de simples ornements : la science est oubliée.

Le 18, à dix heures du matin, nous quittâmes Marseille pour nous rendre directement à Tain, où des liens de famille nous attiraient. Le chemin de fer passe par des pays très-pittoresques; il y a de longs tunnels, et souvent on cotoie le Rhône.

On s'arrête peu d'instants à Avignon avec ses deux ou trois cents tours, et son Château des Papes, que l'on distingue très-bien de la station. Au buffet j'achetai des raisins d'une espèce toute particulière, on les appelle des *Olivettes;* ils sont noirs, à très-gros grains ayant une forme entièrement cylindrique arrondie aux deux extrémités; leur goût est assez agréable, mais ils ont la peau dure comme presque tous les raisins du midi.

Près de Donzère un pont suspendu s'était écroulé dans le Rhône; l'arche du milieu avait cédé, et le tablier gisait dans l'eau.

A Montélimart on nous offrit du nougat blanc. Ce nougat a de la réputation, et il est en effet fort bon, quand on a de bonnes dents. La boîte en coûte 2 fr.

Dans ces contrées la végétation méridionale disparaît peu à peu; l'olivier n'est plus qu'un arbre rabougri qu'on cesse bientôt de voir; le mûrier s'étend jusque vers Lyon; les arbres fruitiers des climats tempérés reparaissent plus abondants, et principalement la vigne;

elle se plait sur les rives du Rhône; dans la Bourgogne elle est dans toute sa splendeur; elle s'efface dans la vallée du Doubs et se remontre en Alsace.

Valence, chef-lieu du département de la Drôme et place forte, a une station assez éloignée de la ville; les exigences du génie militaire en ont sans doute ainsi décidé.

A cinq heures nous nous arrêtions à Tain, au pied même du coteau de l'*Ermitage*.

Ainsi que je l'ai dit, d'affectueuses relations de parenté devaient nous retenir quelque temps dans cette petite ville. J'en profitai pour explorer un peu les environs.

Le temps qui, pendant la journée du 18, avait encore été très-chaud, changea subitement le 19 : il devint pluvieux et frais. Cependant nous pûmes visiter le coteau de l'Ermitage, colline qui a tiré son nom d'un ermitage en ruines qui se trouve presque sur son sommet; c'est là que croissent ces célèbres vins blancs et rouges si appréciés pour leur excellent bouquet.

Tain, qui est dans le département de la Drôme,

est séparé de Tournon par le Rhône, que traversent
deux ponts suspendus. Tournon est le siége d'une
sous-préfecture du département de l'Ardèche, d'un
tribunal civil et d'un lycée dont les bâtiments et le
jardin ont un grand développement. Sur le quai de
Tournon est le vieux château qu'habitaient les ducs de
Soubise; l'une des tours de ce château et la terrasse
sont encore dans leur état primitif; le reste du bâtiment a été restauré sans goût, on y a établi le tribunal
et la prison. M. le procureur impérial nous permit de
passer par son cabinet pour pénéter sur la terrasse qui
sert de préau aux prisonniers; le coup d'œil sur la
vallée du Rhône en est charmant.

Dans l'église Saint-Julien est la chapelle des péni-
tents, où se trouve une ancienne fresque bien con-
servée.

Sur une petite place a été érigée en 1854 la statue
en marbre blanc du général Rampon; elle est l'œuvre
de son fils, le comte Joachim Rampon. Si cette statue
était sur un piédestal plus élevé, sur une place plus
vaste, elle ferait peut-être plus d'effet.

Derrière Tournon s'élève une montagne du haut de
laquelle on peut se rendre compte des principaux détails de cette belle contrée. En face on voit les coteaux

de l'Ermitage et une série d'autres collines qui s'é-
tendent au delà de Romans jusque vers Grenoble; à
droite, les Alpes du Dauphiné; à gauche, la vallée du
Doux; à ses pieds, le Rhône dans son cours majestueux.

La pluie ne nous permit pas de pousser plus loin
nos promenades. Nous en fûmes bien dédommagés en
faisant la connaissance de quelques aimables habitants, dont nous reçûmes un accueil des plus gracieux.
M. de G..., entre autres, homme aussi affable que lit-
térateur instruit, me fit les honneurs de sa belle bibliothèque et de son intéressante collection d'autographes.

Le 21 octobre, à huit heures du matin, nous
quittions nos bons amis de Tain, et à onze heures
vingt-cinq minutes nous étions à Lyon, après avoir
traversé des pays très-accidentés, y compris la ville de
Vienne.

Pendant les deux jours que nous sommes restés à
Lyon, le temps a continué à être mauvais. Nous avons
dû dès lors nous borner à quelques courses très-res-
treintes.

Lyon n'est plus cette ancienne ville de boue où l'on

redoutait de s'exposer à pied; tout y a été considérablement amélioré et embelli. De nouvelles rues ont été percées, d'autres sont élargies; de belles places ont été plantées d'arbres et de fleurs; les quais du Rhône et de la Saône sont magnifiques; de nombreux ponts facilitent la circulation; de grands travaux de tous genres ont été exécutés et s'exécutent encore; une transformation complète s'opère, et sous peu la seconde ville de France n'aura plus rien à envier à bien des capitales.

Une des belles créations récentes est la grandiose plantation du *Parc* avec une serre et un commencement de collection zoologique; celle des Gallinacés est déjà très-complète et parfaitement disposée.

Nous n'avons pas pu visiter les quartiers de la Croix-Rousse et de Fourvières, situés sur des collines qui dominent la ville; mais nous avons néanmoins pu nous faire une idée de l'heureuse position de Lyon.

La salle du Grand-Théâtre m'a paru fort petite. Nous avons assisté à une représentation de la *Fille du régiment*, chantée par Mme Vanderheuvel (Caroline Duprez), toujours gracieuse cantatrice à la voix flûtée et flexible; peut-être son organe manque-t-il d'énergie dans certains rôles. Après l'opéra-comique on donnait le vieux ballet des *Meuniers*, mais comme nous étions fatigués, nous nous sommes retirés et avons laissé les meuniers s'enfariner sans nous.

Nous logions à l'*Hôtel-de-Lyon*, rue Impériale. Le service est très-bien fait dans ce bel hôtel. Pendant que nous y étions, la reine de Hollande, qui se rendait à Nice, y est descendue. Le maréchal Castellane est venu lui faire une visite; il est arrivé dans une voiture derrière laquelle se tenaient deux laquais.

Comme à Tain, nous avons été reçus à Lyon on ne peut plus cordialement par d'excellents amis qui contribuèrent à nous rendre notre séjour des plus agréables; ils ne négligèrent aucune attention. Un dîner chez *Casati*, le premier restaurateur de Lyon, marquera dans nos souvenirs.

Outre les relations d'amitié j'avais à suivre quelques affaires, et je terminai mes courses par une visite que me dicta l'estime pour un confrère. M. Victor Perrin est du petit nombre des typographes de notre époque qui considèrent encore l'imprimerie comme un art. M. Perrin a un véritable culte pour le genre de nos maîtres du seizième siècle; rien ne lui coûte pour les imiter, et il y réussit merveilleusement. J'étais enchanté d'avoir l'occasion de renouveler connaissance avec lui. Il voulut bien me témoigner de flatteurs sentiments de réciprocité[1].

Nous sommes partis de Lyon le 23, à dix heures du matin, de la station de Perrache, et avons successivement passé devant Mâcon, Chalon-sur-Saône, Beaune, Nuits, Vougeot et leurs riches vignobles; puis près de Dijon, Auxonne et Dôle.

A cinq heures du soir nous nous arrêtions à Besançon, où nous devions passer la journée du lendemain pour répondre à une pressante invitation qui nous avait été adressée par d'anciens et chers amis que nous étions heureux de revoir.

Besançon est une ville de garnison assez triste, mais ses environs sont beaux. Du haut de la citadelle, située sur une montagne, au midi, la vue est délicieuse sur la vallée du Doubs. Deux promenades font en partie le tour de la ville; la plus ancienne, le *Chamar*, plantée de grands et très-vieux arbres, est entourée de fortifications; elle est sombre et humide; l'autre, sur les bords du Doubs, s'appelle *Micaud*, du nom du maire

---

[1] M. Perrin était venu à Strasbourg en 1840, pour assister à l'inauguration de la statue de Gutenberg. Déjà alors je m'aperçus qu'il est animé du feu sacré. Quelques années plus tard il était encore venu me voir.

qui l'a fait établir il y a peu d'années; elle est fort jolie, quoique peu étendue. Dans la Grand'rue, près de l'archevêché, il y a un arc de triomphe romain très-curieux. La cathédrale a cela de particulier qu'elle n'a qu'une entrée latérale : du reste elle n'offre rien de bien remarquable.

De Besançon à Belfort on suit presque constamment le cours du Doubs et la chaîne du Jura. De beaux ouvrages d'art, de fréquents tunnels ont été faits pour tracer la ligne de fer.

Près de Belfort on entre dans la belle et fertile plaine d'Alsace qui, par la variété de ses cultures, par la beauté des sites encore trop peu connus qu'offrent les Vosges, l'emportera toujours sur beaucoup d'autres pays.

On s'arrête à Mulhouse assez de temps pour pouvoir jeter un coup d'œil sur la nouvelle église catholique qui vient d'être édifiée.

Vers cinq heures du soir nous rentrions chez nous, en remerciant le Ciel de toutes les faveurs dont il nous avait comblés pendant cette longue pérégrination de six semaines. Notre maison nous parut bien vide . pour la première fois nous y étions sans nos enfants, et cette séparation doit durer six grands mois!

———

RÉSUMÉ.

Un voyage dans le nord de l'Italie offre des genres d'intérêt très-divers. Grâce aux chemins de fer on le fait commodément; il n'est pas très-coûteux.

On exagère généralement la beauté du pays; on se méprend sur celle du climat; on dénigre trop ses habitants.

Dans les plaines du Piémont, de la Lombardie et de la Vénétie la grande culture est belle, mais peu variée; l'aspect du paysage est monotone. La température est rude en hiver, souvent humide et brumeuse, très-chaude en été.

Dans les montagnes les sites sont pittoresques; il y en a d'enchanteurs, quoique la végétation soit moins belle qu'en Suisse et en Alsace.

Quelques localités privilégiées, près des grands lacs, jouissent d'une température exceptionnellement douce.

Les parties plus méridionales, de Gênes à Nice, ont en été des chaleurs suffocantes qui atteignent jusqu'à 40 degrés; l'hiver n'y est jamais froid. Pour l'homme du nord la végétation est nouvelle, surprenante, mais il préférera toujours celle des belles régions tempérées.

Presque partout l'on trouve de nombreuses preuves de l'ancienne splendeur des beaux-arts; la tradition s'en perd un peu, mais le culte en existe toujours.

Principales villes.

Venise, cité aquatique par excellence, étrange, intéressante au plus haut degré, triste, malheureuse, impatiente de ravoir la liberté, infestée de moustiques et de soldats autrichiens.

Vérone, délicieusement située, trop bien même pour une place forte : on la réduirait certainement en prenant un seul des nombreux forts qui la dominent. Patriotisme très-marqué, aspirant à l'affranchissement du joug étranger, comme Peschiera, Padoue, Vicenze, etc.

Brescia, ville assez sale, malgré ses soixante-douze fontaines publiques; elle renferme des curiosités remarquables. Habitants d'un chaud patriotisme. Environs charmants.

Milan; ôtez-en le dôme, l'arc de triomphe, le grand théâtre et le Musée, et ce ne sera plus qu'une grande ville d'un aspect très-ordinaire. Noblesse riche, palais somptueux intérieurement. Beaucoup de patriotisme, à quelques rares exceptions près. Alentours plats et monotones.

Turin, très-belle ville dans son ensemble; elle a l'air d'avoir été bâtie hier, tellement elle est régulière; dépourvue de grands monuments; moins riche que Milan, mais plus active et plus agréable. Sites et vues très-pittoresques.

Alexandrie, vaste citadelle en rase campagne.

Gênes, centre d'un commerce considérable. Aristocratie fastueuse; richesses immenses enfouies dans des palais de marbre d'un aspect très-ordinaire. Situation admirable.

Villes de la Corniche, à rues étroites, généralement malpropres; route toujours magnifique, souvent dangereuse, surtout lorsque les torrents sont gonflés. Végétation méridionale; montagnes trop arides.

Nice, ville plus française qu'italienne; topographiquement séparée de la Sardaigne. Climat excellent; exposition ravissante. Vaste hôpital aristocratique en hiver.

———

SUPPLÉMENT.

J'avais achevé ce récit lorsque le *Siècle* publia une lettre que M. Alexandre Dumas père, en ce moment en Italie, adressait à M. Havin, directeur politique de ce journal. Cette lettre se rattache si intimement à mon sujet que je crois utile de la reproduire en y ajoutant seulement quelques notes. La voici :

Milan, 22 janvier 1860, huit heures du matin.

Cher directeur,

Je viens de passer cinq jours à Venise. Cette fois, la police autrichienne, plus indulgente pour moi qu'en 1835 et 1842, m'a laissé passer.

Vous ne pouvez pas vous faire une idée de la tristesse de Venise ; tous les théâtres sont fermés.

A l'époque où d'habitude Venise retentit de cris joyeux, où des milliers de masques sillonnent ses rues, Venise est morne et silencieuse comme une agonisante.

Comprenez-vous les théâtres fermés le 6 janvier, au commencement du carnaval, lorsque d'habitude ils regorgent de monde, et fermés *faute de spectateurs?*

Les Vénitiens, sans armes, sans moyens de défense, n'ayant pas même chez eux une épée ou une paire de pistolets pour repousser ou venger une injure personnelle, les Vénitiens font à l'Autriche, après lui avoir fait la terrible guerre de 1849, qui s'est terminée par ce siége mémorable que nous connaissons tous, Venise fait à l'Autriche une guerre plus terrible encore.

Venise fait cette guerre d'opposition tacite et obstinée contre laquelle les canons ne peuvent rien, les procès et les emprisonnements peu de chose.

Soixante et dix mille Vénitiens ont quitté la Vénétie : la population en est tellement diminuée, que l'Autriche a rendu un décret par lequel elle annonce qu'il n'y aura point de conscription cette année.

Cette émigration est reçue fraternellement par les Milanais, qui ont créé un comité de l'émigration vénitienne, dont M. Visconti Venosta est le président.

Ce comité a envoyé déjà à l'armée centrale d'Italie dix mille Vénitiens avec armes et bagages.

Il y a plus : Venise, Trévise, Vicence, n'ont ni podestat ni conseil municipal ; tout le monde refuse de remplir ces emplois tant que les Autrichiens seront en Vénétie.

Deux testaments ont été ouverts depuis trois mois et

lus publiquement; c'est une formalité indispensable à la validité de ces sortes d'actes : ils étaient de deux riches seigneurs de la Vénétie, et portaient pour clause principale que les testateurs déshéritaient leurs filles si elles épousaient ou des Autrichiens ou des employés de l'Autriche.

Mais rien de tout cela n'est aussi étrange, aussi inusité que la fermeture des théâtres.

Polichinelle, comme les autres, allait plier bagage, mais la police autrichienne lui ordonna de continuer ses représentations en plein vent. Force fut à Polichinelle d'obéir.

Mais alors il arriva que les enfants firent deux choses.

Ils tendirent des cordes et firent tomber ceux qui allaient voir Polichinelle.

Puis, de loin, ils jetèrent des pierres dans les baraques.

Il n'y avait pas moyen de continuer en face d'une pareille opposition; mais, pris entre la volonté de la police et la désapprobation de ses concitoyens, l'impresario s'ingénia d'une heureuse idée.

Il introduisit parmi les personnages que bâtonne Polichinelle un nouveau personnage qu'il coiffa du bonnet de police en soufflet des soldats autrichiens, et fit pleuvoir sur lui les trois quarts des coups de bâton dont Polichinelle est si prodigue.

Dès lors, Polichinelle fut non-seulement réhabilité dans l'esprit de ses concitoyens, mais encore il jouit d'une vogue dont la fermeture des autres théâtres, fermeture qui détruit toute concurrence, lui assure la durée.

À Vérone, — nous reviendrons tout à l'heure sur Vérone, la ville longtemps la plus autrichienne de l'Italie, — à Vérone, il y avait une danseuse faisant *fureur*. On lui jeta à l'une de ses représentations un bouquet noué du ruban tricolore italien *rouge, vert et blanc*. La danseuse ramassa le bouquet et le porta à ses lèvres, au milieu des applaudissements frénétiques de la salle.

Le lendemain, elle fut appelée chez le gouverneur de la ville et vivement réprimandée.

— Mais, demanda-t-elle, si l'on me jette encore des bouquets, que dois-je donc faire?

— Au lieu de les ramasser et de les baiser, vous devez les fouler aux pieds.

La danseuse emporta la recommandation; mais elle eut le malheur d'en faire part à quelques-unes de ses connaissances.

Le lendemain ou lui jeta un bouquet noué d'un ruban aux couleurs de l'Autriche, c'est-à-dire *jaune* et *noir*.

Alors la danseuse, suivant à la lettre la consigne donnée la veille par le gouverneur, foula aux pieds le bouquet, trépignant dessus avec rage, aux grands applaudissements de toute la salle, jusqu'à ce que les fleurs en fussent toutes broyées.

Il n'y avait pas moyen de la punir, elle avait ponctuellement obéi à l'ordre donné par le gouverneur; on se contenta de la chasser.

Alors les Véronais firent comme les Vénitiens : ils décidèrent que l'on n'irait plus au spectacle.

J'étais à Vérone le jour où cette décision fut prise; je vous parle donc avec certitude.

Mais à mon retour de Venise, sept jours après cette décision prise, et me trouvant de nouveau à Vérone, j'appris que l'impresario véronais, à l'exemple de l'impresario vénitien, fermait son théâtre, mais donnait, avec un bassin à la porte, une dernière représentation, laquelle était au profit de l'entreprise que l'opposition véronaise ruinait.

Il fut convenu que chacun irait déposer son offrande au bassin, resterait au théâtre de huit heures et demie à neuf heures et sortirait ensuite.

J'y allai comme les autres avec l'intention d'augmenter la recette de 10 fr.

La salle était comble, le bassin avait reçu deux mille cinq cents zwanticks, ce qui est énorme pour Vérone

A neuf heures et demie, comme la chose était convenue, on voulut sortir; mais la police autrichienne, prévenue de cette nouvelle démonstration, avait ordonné de fermer les portes du théâtre, et de ne les rouvrir qu'à la fin du spectacle.

Les premiers qui se heurtèrent à l'obstacle rentrèrent en criant : — Les portes sont fermées !

Il y eut un moment de tumulte difficile à décrire.

Alors un jeune homme cria d'une voix forte :

«J'ai un moyen de les faire ouvrir, moi.»

A la rumeur effroyable qui se faisait succéda un profond silence. Au milieu de ce silence on entendit vibrer ce double cri, qui fit tressaillir toute la salle :

Vive Garibaldi! vive le roi Victor-Emmanuel!

A l'instant même le même cri fut répété par deux mille voix. Il eût couvert le bruit du tonnerre.

A ce cri formidable, qui pouvait mettre en feu toute la Vénétie, les Autrichiens se hâtèrent d'ouvrir les portes. Mais, tout en s'écoulant, la foule répéta ce cri, qui toute la nuit retentit dans les rues de Vérone. J'ai vu, j'ai entendu.

Revenons à Venise.

Trois fois par semaine les Autrichiens font de la musique sur la place du Dôme; le dimanche surtout, la place du Dôme est encombrée de monde.

La musique commence à midi.

Jusqu'à midi tout le monde se promène sur la place; mais à midi sonnant, au moment où la musique paraît, comme si les musiciens amenaient avec eux la peste, chacun fuit, fuit est le mot, par le débouché le plus proche de lui. On dirait une déroute : cinq minutes après la place est complétement vide. Et ceux mêmes qui pour leurs affaires auraient besoin d'y passer font un détour pour ne pas troubler cette vaste solitude.

Je m'y trouvais un dimanche de janvier; j'ai assisté à cette débâcle. Je suis peu Autrichien, eh bien! j'en avais le cœur serré.

Je le répète, une place jonchée de cadavres eût été moins significative que cette solitude.

Le jour où je passai à Brescia, la ville donnait un grand bal au général piémontais Cialdini et à ses officiers. Le général Cialdini est celui qui, sous les yeux de Victor-Emmanuel, repoussé six fois à Solferino des hauteurs de San-Martino, finit au septième assaut par les reprendre et s'y maintenir.

Au milieu de la fête, le général Cialdini reçut un bouquet que lui envoyait Venise.

Ce bouquet était destiné au roi Victor-Emmanuel.

Deux pièces de vers étaient jointes au bouquet.

L'une adressée au général Cialdini,

L'autre au roi Victor-Emmanuel.

Je vous en donne en vers français la traduction littérale :

Vers au roi Victor-Emmanuel.

Venise aux jours joyeux de gloire et de fortune,
    Du haut du navire éclatant[1]
Jetait son anneau d'or à l'antique Neptune,
    Des époux le plus inconstant.
Venise aux jours du deuil, à la torture en proie,
    Depuis dix ans amoureuse de lui,
Au plus loyal des rois secrètement envoie
    Son bouquet d'épouse aujourd'hui.

Vers au général Cialdini, chargé de remettre le bouquet au roi Victor-Emmanuel.

Général, nous sommes les fleurs
Qui du sol amer des douleurs
Vous arrivent de pleurs trempées.
Nous quittâmes Venise un soir
Pour chercher la terre d'espoir
Où resplendissent les épées.

[1] Le *Bucentaure.*

A vous nous venons de la part
D'un peuple dont le long regard,
Du bord des douloureuses plages,
Suit au milieu de ses tourments,
Les glorieux événements
Dont il ne voit que les nuages.
D'un peuple qui rêve le jour
Où, libre et soldat à son tour,
Il prendra part à votre fête,
Et ceindra du laurier divin
De quelque nouveau saint Martin,
Votre victorieuse tête.

Vous comprenez l'effet que firent ces vers et ce bouquet arrivant au milieu du bal !

L'auteur, anonyme alors, fut connu depuis, et n'a eu, à ce qu'on m'assure, que le temps de quitter Venise.

Il va sans dire que, de même que tous les théâtres de Venise sont fermés, toutes les portes des maisons particulières sont closes : pas une soirée, pas une réunion, pas un bal ; et il en sera ainsi jusqu'au moment où le dernier Autrichien quittera Venise.

Si la position continuait un an ou deux telle qu'elle est, il ne resterait à Venise que des maisons vides. Tous les Vénitiens seraient passés en Lombardie.

Après cinq jours, j'ai quitté Venise et suis revenu à

Milan, le cœur brisé... J'ai vu agoniser et mourir des hommes; mais c'est la première fois que je vois mourir et agoniser une ville !

Venise qui, au temps où Montaigne la visita, comptait, au dire du voyageur, trente mille gondoles; qui en avait encore cinq mille lors de la chute de la République en 1797, n'en a plus que huit à neuf cents aujourd'hui [1].

J'ai vu des relevés d'impôts. Une propriété rapportant 36,000 fr., est imposée à 33,000 fr.

Cela sans compter les désastres causés par l'armée autrichienne campant à l'époque des moissons dans les champs et dans les prairies.

Les palais tombent pierre à pierre. Nul n'a l'idée de réparer rien. Pourquoi faire? Si les Autrichiens restent à Venise, Venise n'est-elle pas une ville condamnée?

[1] Cette dernière assertion est inexacte. Montaigne exagérait sans doute, M. Dumas tombe dans l'autre extrême. Le fait est qu'il y a à Venise beaucoup plus de gondoles que jadis, et en voici la raison : Du temps où l'aristocratie régnait à Venise, les familles nobles pouvaient seules posséder des gondoles. Depuis la disparition des priviléges chacun a voulu avoir sa gondole, et le nombre en a ainsi considérablement augmenté. Au mois de septembre dernier on m'a assuré qu'il y en a 14,000.

Si Venise est libre, bon Dieu! les palais, en un mois, seront remis à neuf.

Le magnifique palais Foscari est devenu une caserne. Le splendide palais Cornaro est devenu un mont-de-piété.

Mlle Taglioni a eu compassion de ces débris de la splendeur vénitienne. Elle en a acheté quatre, elle les entretient, et l'on est sûr au moins que ceux-là resteront comme un échantillon de ce qu'ont été les autres.

Deux autres palais achetés, l'un par Mme la duchesse de Berry, l'autre par M. le comte de Chambord, regardent majestueusement et tristement s'écrouler les autres.

On peut, si les choses continuent ainsi, calculer l'époque où Venise sera rentrée dans l'Adriatique, dont elle est sortie il y a quatorze siècles.

Au reste, quelque chose de sombre planait sur Venise au moment où je l'ai quittée.

L'orage a éclaté trois jours après mon départ.

Quatre cents arrestations ont eu lieu à ce que l'on assure, et un flot d'émigrés poussé par la tempête a dépassé la frontière et s'est répandu dans la Lombardie. Aussitôt Milan, à cette heure l'oasis de l'Italie, a improvisé un grand bal au profit des émigrés vénitiens.

M. Visconti Venosta s'est mis à la tête de ce bal.

En quarante-huit heures, 2500 billets ont été placés, et pour que la totalité de la recette restât aux exilés, la société des négociants milanais a donné ses appartements et s'est chargée de la dépense de la soirée.

Le bal devait avoir lieu samedi 21 janvier.

On assure qu'un officier supérieur de l'armée française aurait protesté contre le choix du jour, en disant que le 21 janvier est un anniversaire de deuil pour la France.

Les Milanais ont respecté cette susceptibilité, tout individuelle qu'elle fût, et ont remis le bal au lundi 23.

On a eu le temps de prévenir Venise de la pieuse intention de sa sœur Milan.

Six dames vénitiennes des premières familles de la Vénétie sont arrivées hier dans la journée.

Elles apportaient les remerciments de Venise et un de ces bouquets comme on en fait seulement en Italie.

Il avait cinq pieds de tour et était exposé dans la salle d'entrée.

Les dames vénitiennes assistaient au bal; mais seules elles étaient vêtues de deuil, seules elles ne dansaient pas[1].

---

[1] Ces dames étaient, en effet, vêtues tout en noir et avaient chacune sur la poitrine un bouquet de camellias blancs et rouges, entourés de leurs feuilles d'un si beau vert, et formant ainsi les couleurs nationales italiennes.

Au milieu de la musique, du plaisir, de la joie, elles semblaient symboliser la Douleur. Au milieu de la vie et du mouvement, elles représentaient la mort et l'immobilité.

Vers minuit est arrivée, par une dépêche télégraphique, la nouvelle que, à la suite des événements dont j'ai été témoin à Vérone, et que je vous ai racontés, Vérone venait d'être mise en état de siége.

Vous rappelez-vous ce bal donné en 1829, au Palais-Royal, chez M. le duc d'Orléans, bal dans lequel M. de Salvandy dit ce mot devenu historique depuis:

«Nous dansons sur un volcan!»

Je vous réponds que le bal d'hier, avec ses scintillements d'épaulettes, ses froissements de sabres, ses soupirs d'exilés sentait son Vésuve et son Etna au moins autant que celui du Palais-Royal.

Parmi les plus jolies femmes du bal, on nommait Mme la duchesse et Mme la comtesse Lita.

Lors de la contribution de vingt millions, imposée en 1849 par Radetzky à la ville de Milan, le duc Lita fut compris pour 800,000 fr., et le comte Lita pour 400,000 fr.

On accuse les patriotes français d'être des sans-culottes et des va-nu-pieds; on n'en dira pas autant des patriotes italiens.

Au reste, d'ici à un mois, je l'espère, j'aurai, à cet endroit-là, redressé bien des erreurs.

Comme dans tout ce que je fais, on commencera par crier au roman, mais on finira par reconnaître que c'est de l'histoire[1].

Un de nos compatriotes a dit avant moi, et je répète après lui cette grande vérité :

NON, L'ITALIE N'EST POINT LA TERRE DES MORTS.

Une vérité ne saurait trop être répétée.

ALEXANDRE DUMAS.

P. S. Mardi matin, dix heures. — Au moment de fermer cette lettre, on m'envoie le chiffre de la recette : elle s'est élevée à 30,000 fr. A. D.

---

[1] M. Dumas ne dit que trop vrai. J'ai eu connaissance de plusieurs des faits qu'il raconte.

FIN.